KB164856

나는
홈스쿨링하는 엄마로
살기로 했다

나는
홈스쿨링하는 엄마로
살기로 했다

이자경

Let's GO

HAPPY

담다

목차

part 1 말을 하지 않는 아이

part 2 각자의 시간으로 살아가는 아이들

part 3 우리는 놀면서 배운다

part 4 어머니 꿈은 뭐예요

추 천 사

모두가 같은 길을 가도록 하고, 그 과정에서 돈과 지위로 우월해지는 것이 행복이라 이야기하는 것이 우리 사회다.

그 길 속에서 비교 우위를 점한 이들은 그 자리가 위협받을까 위태롭게 버티며, 그 우위에 서지 못한 이들은 좌절과 자기 비난 속에서 살아가는 것, 서글픈 우리의 모습이다.

정신과 의사는 오직 단 하나의 길 만을 따라야 한다는 폭력으로부터 지치고 상처받은 이들과 그들 자신만의 행복을 찾아가는 과정을 함께하는 직업이다.

그런 내게 이 책은 많은 울림을 준다.

생김새, 환경, 가치관, 기쁨을 느끼는 순간이 모두 다른 우리이므로, 각자에게 어울리는 삶의 형태 역시 각기 다른 것이 자연스럽지 않을까. 부모로서 사랑하는 아이에게 전해줄 것은 정해진 행복의 공식을 다른 친구보다 어떻게 더 잘 해낼 수 있을지가 아니라, 행복의 공식을 스스로 정의할 수 있는 관점과 이를 이어갈 수 있는 힘이 아닐까.

이 책은 홈스쿨링이라는 유별난 방법을 안내하는 책이라기보다 '홈스쿨링'이라는 또 하나의 방법으로 누구나 보편적으로 바라는 행복을 추구하는 평범한 아이들과 가족의 이야기다.

자신과 다른 길을 가는 이들을 불편하게 바라보는 분위기속에서도 묵묵히 또 진솔하게 그들만의 방법으로 따뜻한 행복을 꾸려나가는 여정이 생생히 담겨 있다.

정신과 의사로서, 또 두 아이의 아빠로서 모든 페이지를 깊이 읽었다. 우리 아이만의 삶과 행복에 대해 고민하는 부모라면 꼭 읽어봤으면 하는 책이다.

이두형

정신건강의학과 전문의,

<그냥 좀 괜찮아지고 싶을 때>,

<내가 나인 게 싫을 때 읽는 책> 저자

나는 홈스쿨링하는 엄마로 살기로 했다

너의 생각에 날개를 달아 줄게

가을바람이 살랑살랑 불던 어느 날 유치원 발표회가 있었다. 수업 시간에 지훈이는 어떤 모습일지 궁금했다. 지훈이는 여느 아이들처럼 발표하고 싶어 손을 번쩍 들기도 했고, 친구들이랑 장난을 치며 웃었으며, 입을 한껏 모아 노래를 부르기도 했다. 마지막 시간은 무용 발표였다.

검정 타이츠에 하늘색 발레복을 입고 벽면의 전신 거울을 향해 서 있는 아이들. 부드러운 음악과 선생님의 구령에 맞춰 발을 움직이기 시작했다. 시끌시끌한 소리 때문이었는지 품에 안겨 자던 셋째 유진이가 칭얼거렸다. 토닥거리며 다시 재우려고 하는데 여기저기서 키득키득거리는 소리가 들렸다. 고개를 들어보니 지훈이가 웃음을 제공하고 있었다.

지훈이는 쭉 내뻗은 팔과 강하게 뻗은 다리를 하늘을 향해 올리더니, 주먹 쥔 손을 땅에다 찧었다가 다시 일어섰다. 그러고는 치켜든 팔을 연꽃처럼 모아 멋지게 턴을 하며 마무리했다. 거울에 비친 지훈이의 모습에 선생님도 웃음을 띠었지만 당황하는 눈치였고, 아는 엄마들은 개구쟁이라며 웃음을 금치 못했다. 짧은 무용 발표회는 그렇게 막이 내렸다.

"지훈아, 무용 발표회 때 지훈이는 친구들이랑 다른 동작을 하던데 어머니는 그 모습이 정말 멋져 보였어. 어떤 모습을 표현한 것 같은데 어머니는 그게 뭔지 잘 모르겠더라고. 알려 줄 수 있어?"
"어머니, 〈터닝메카드〉 알죠? 거기 나오는 에반이에요."

TV에 방영되는 애니메이션의 인기 변신 자동차였다.

"선생님이 발표회에 어머니, 아버지 오신다고 자기가 보여 줄 수 있는 가장 멋진 모습을 보여 주랬어요. 나는 에반이 제일 멋있어서 에반으로 변신한 거예요."

이상한 아이, 장난꾸러기로 보일 수 있겠지만 내게는 자신만의 생각을 가진 지훈이가 기특하고 특별해 보였다. 획일화된 교육이 아니라 자신만의 생각으로 삶을 디자인할 수 있도록 지훈이의 생각에 날개를 달아 세상을 훨훨 날게 해 주고 싶었다. 나는 용기를 내기로 했다. 타인의 평가와 잣대를 기준으로 삶지 않고, 지훈이만의 시간과 생각으로 세상을 배우게 하기로 마음을 먹었다. 그동안 나를 따라다니던 무수히 많은 의문이 있었기에 더는 고민하지 않기로 했다. 지훈이를 믿고, 나의 선택을 따르기로 용기를 내었다. 언제 누리게 될지도 모르는 행복을 위해 현재의 행복을 저당 잡히는 삶을 삽지 않기로 선택했다.

7개월간의 짧은 유치원 생활을 끝내고 벌써 7년이라는 시간이 흘렀다. 배움은 언제, 어디서나 존재하는 자연스러운 것이라 생각했기에 우리 가족은 '홈스쿨러'가 되었다.

눈을 뜨기가 무섭게 밖으로 달려 나가 흙을 만지고, 벌레는 만지는 아이들. 참새 소리, 찌르레기의 지저귐, 덜덜덜 움직이는 경운기 소리로 아침을 맞이한다. 공부라고는 둘러앉아 읽는 책 몇 권이 전부인 아이들에게 내가 줄 수 있는 것은 조급함 대신 기다려 주는 시간이다. 아이들이 자신만의 열매를 맺을 수 있도록 적절한 시기에 거름과 양분을 주는 것이 나의 몫이다.

부모가 되면 누구나 한 번쯤은 교육에 대한 고민과 의문을 품을 것이다. 나는 유치원 생활을 하며 조금씩 변해 가는 지훈이를 보면서 공교육에 의문을 품기 시작했다. 지훈이가 보내는 작은 신호들을 쫓아가며 고민의 실타래를 풀어 갔고, 그렇게 홈스쿨링이 시작되었다. 이제 그 흔적을 따라가며 지난 시간을 되돌아보려고 한다.

2019년 코로나19 팬데믹 속에서 교육계는 사상 초유의 개학 연기 사태가 벌어지고, 전국 모든 학교에서 동시 휴교를 결정하기도 했다. 학교 현장은 수많은 시행착오와 변화의 바람 속에서 혼란을 겪었고 이는 학생들에게 고스란히 전달되었다. 그러나 그때 우리에게는 일상에서 마스크를 사용하는 불편함만 더해졌을 뿐이었다.

장소와 시간에 얽매이지 않고 삶의 전반이 교육이라 생각하며 배우고 있었기에 가능한 일이었다. 그 시간을 계기로 홈스쿨링을 하는 사람들이 늘어났다. 하지만 여전히 혼란스러운 교육 앞에서 불안해하는 부모님들에게 이 책이 도움이 되길 바란다.

이 책에는 홈스쿨러가 되기 위한 과정과 그때의 심정, 아이들과 함께 배우며 자라는 우리 가족의 성장 이야기를 담았다.

어느 마트에 가면 청과물이 싱싱하더라, 어떤 학원에 가면 교육 프로그램이 좋더라며 서로 정보를 공유하듯 "사 남매 집 홈스쿨링은 이렇게도 하는구나" 하며 참고하면 좋겠다.

학교 교육을 벗어나 아이를 키워 볼까 고민하는 부모들, 막연히 홈스쿨링을 생각하며 고민하는 분들에게 길잡이가 되길 바라며 떨리는 마음으로 이 책을 꺼내 놓는다. 학교 밖에서 더 큰 사회를 만나게 될 어느 가족에게 등대 같은 빛줄기가 되길 바라며 조심스레 이야기를 시작한다.

오색달팽이
이자경

나는 홈스쿨링하는 엄마로 살기로 했다

part 1

말을 하지 않는 아이

봄아, 천천히 와

이유진

봄아, 천천히 와도 돼
늦게 와도 기다리고 있을게

봄아, 천천히 와도 괜찮아
눈사람 만들며 놀고 있을게

봄아, 늦게 와도 널 기다릴게
율무차 마시며 기다릴게

네가 오면
벚꽃 구경도 가고
아기 고양이도 만나고
방울토마토도 심으면서 너를 만날래

봄아, 그래도 너무 늦게는 오지 말아 줘

엄마의 정보력이 아이를 키운다

"아기랑 집에서 뭐 하세요? 아기랑 교감하는 책인데 한번 둘러보고 가세요."
"돌도 안 된 애가 이렇게 뛰어다니는 걸 보니 성장이 빠르네요. 영리해요."

마트 안에 설치된 학습지 판매대에서 직원이 나를 붙잡고 말을 걸었다. 또래보다 성장이 빠르다는 말에 왠지 모르게 어깨를 으쓱하며 이런저런 책 설명을 들었다. 아이들 발달 단계에 맞추어 인지 영역과 언어 영역 발달을 돕는 전집과 다양한 자극으로 아이의 발달을 도와주는 장난감을 무료로 준다는 것이었다.

벌써 그런 게 필요할까 싶었지만, 집에 돌아와 장 본 것도 정리하지 않은 채 지훈이가 읽을 만한 책 정보를 알아보았다. 가격이 만만치 않았지만 할부로 구매할 수 있었다. 일단 장바구니에 담아 두고 또 필요한 게 뭐가 있나 알아보았다. 창작동화, 수학동화, 과학동화, 인성 발달 동화 등 시기마다 읽어 줘야 할 권장 도서 전집 목록이 따로 있었다. 그 책들만 있으면 지훈이의 뇌 발달과 성장에 자극을 주어 내가 생각하는 것보다 더 나은 사람이 될지 모른다는 기대감으로 부풀어 올랐다.

몇 번의 클릭으로 수십 권의 책이 집으로 배달되었다. 지훈이가 손을 뻗기만 하면 책을 읽을 수 있도록 거실을 서재처럼 꾸며야겠다고 생각했다. 순서에 맞춰 차례대로 정리하니 마치 도서관처럼 보였다. 지훈이가 옆으로 다가와 책을 펼치는 모습을 보니 역시 비싼 값을 하는구나 싶은 생각이 들었다.

또 다른 정보를 검색하다가 소근육과 대근육 발달을 위해 필요하다는 교구들이 눈에 들어왔다. 원목으로 만들어 아이들이 입에 넣어도 안전하다는 정보에 이건 꼭 필요하다 싶었다. 꼼꼼하고 까다롭게 정보를 확인한 후 후기들을 읽어 보았다.

"이건 얼마지?"
가격을 확인하며 몇 번이나 한숨을 쉬었다. 몇 달 치 생활비랑 맞먹는 금액이었다. 이미 전집을 많이 구매한 터라 할부 기간에 시간을 두고 구매해야겠다며 애써 마음을 접었다. 하지만 이 시기가 지나면 근육 발달이 늦어지는 게 아닐까 하는 조급함이 또 다른 정보를 검색하게 만들었다.

이런저런 정보를 보다가 어느 블로그를 보게 되었다. 지훈이와 개월 수가 같은 여자아이가 엄마표로 만든 교구를 가지고 노는 모습이었다. 몇 가지만 문구점에서 구매하고 집에 있는 재료를 사용해 만들 수 있어서 저렴하기도 했다. 아이가 열심히 따라 하는 모습과 자세히 설명해 놓은 글에 이끌려 지훈이 손을 잡고 당장 문구점으로 달려가 재료를 사 왔다.

"여보, 안 자고 뭐 해?"

"나도 엄마표로 지훈이 공부시키려고. 내일 낮에 해 보려는데 미리 준비해 놓는 거야. 내가 만든 거 어때?"

"…"

할아버지의 경제력, 아빠의 무관심 그리고 엄마의 정보력이 아이의 성공 3대 요소라는 말이 있던데, 아이에게 무관심한 남편을 보니 그 말이 그냥 생긴 게 아닌 것 같았다. 그나마 엄마인 내가 정보를 수집하고 이 정도로 움직이니 다행이라며 마음을 다독였다. 준비하는 데도 꽤 오랜 시간이 걸렸지만 지훈이가 가지고 노는 모습을 그리며 뿌듯해했다.

다음 날 아침, 기대감으로 가득 차 눈을 떴다. 푹 자고 일어난 지훈이의 컨디션도 좋았고, 밤새 만든 교구도 만족스러웠고 모든 게 완벽했다. 블로그 속의 아이처럼 지훈이가 가지고 노는 모습을 촬영해 두기로 했다. 지훈이가 잘 볼 수 있도록 교구들을 펼쳐 놓았다. 그런데 갑자기 지훈이가 달려와 양손으로 마구마구 흔들고, 요리조리 제멋대로 하더니 금세 엉망으로 만들었다. 차근차근히 해 보자고 설명해도 막무가내였다. 그러고는 별일 없었다는 듯이 내 손을 잡아끌고 방으로 들어가 함께 노래를 부르자고 했다. 모든 게 허무했다.

그 후, 지훈이한테 맞는 방법을 찾기 위해 댓글까지 달아 가며 그나마 가치 있는 정보를 조금이라도 얻기 위해 검색하는 일이 잦아졌다. 하지만 매번 지훈이는 정보 속의 아이들과 다른 반응을 보였고, 그런 일이 반복되었다. 그제야 나는 무언가 잘못하고 있다는 느낌이 들었다.

지훈이는 나의 목소리로 들려주는 노랫소리를 좋아했고, 손을 잡고 걷는 시간을 기다리기도 했다. 모래놀이를 하다가 지나가는 개미 떼를 들여다보며 하루를 보냈다는 사실, 그네를 타면서 깔깔대고 웃으며 시간을 보냈다는 걸 잠깐 잊고 지냈다. 지훈이에게 필요한 건 딱딱한 장난감과 책이 아니라 포근한 나의 품일 거라는 데생각이 닿았다.

엄마들의 모임

'십이지용.'

2012년 용띠 해에 태어난 아이들의 모임이다. 여자아이 일곱, 남자아이 다섯. 또래 아이들과의 만남을 통해 사회성을 길러 주고, 육아가 처음인 초보 엄마들이 서로 육아 정보를 공유하기 위해 만든 모임이다. 사는 곳도 제각각, 엄마들의 나이도 다르지만 아이들이 같은 해에 태어났다는 이유만으로 모임이 만들어졌다.

백일이 갓 지난 아이, 배밀이를 하며 꼬물꼬물 기어 다니는 아이, 물건을 잡고 일어나 걸어 다니는 아이까지 같은 해에 태어났지만 개월 수에 따라 발달 상황이 달랐다. 아이 열두 명과 엄마 열두 명, 상황이 이렇다 보니 모임이 있는 날에 누군가 먼저 "우리 집에 올래요?"라고 손 내미는 곳이 있으면 다들 우르르 몰려갔다.

이유식을 잘 먹는 아이를 둔 엄마의 레시피를 공유하기도 하고, 돌 전에 읽으면 좋은 책이나 수백만 원을 훌쩍 넘긴 전집을 들였다는 이야기, 유아용품을 저렴하게 구매할 수 있는 구입처 정보 등을 공유하기도 했다. 그리고 빠질 수 없는 시댁 이야기가 엄마들의 도마 위에 올랐다. 한 달에 한 번 만나기로 했던 첫 약속은 잊히고 일주일에 한두 번씩 모여 수다를 떨며 시간을 보냈다.

하지만 정확한 이유를 알 수는 없지만, 모임 후 집으로 돌아오는 길엔 언제나 마음이 허했다. 시댁 이야기를 하며 불만을 토로하는 일은 내 얼굴에 침 뱉는 일이었다는 걸 알게 되었고, 일주일에 한두 번 모임을 하며 쓰는 푼돈들이 모여 카드 대금의 한 부분을 차지하는 것을 보며 한숨을 내쉬었다. 함께 어울릴 때면 나도 모르게 애써 포장해서 말을 했고, 시간이 지날수록 나답지 않은 모습에 불편함을 느꼈다. 아이를 위한다는 명목으로, 우울증에 걸릴지도 모른다는 핑계로 모임에 나가는 시간이 어쩐지 사치스럽다는 생각까지 들었다.

서서히 모임에 참여하는 횟수를 줄여야겠다고 생각하던 즈음 누구네 집 근처에 맛집이 생겼다며 다음 모임 장소를 그곳으로 정했다. 제법 인기 있는 가게여서 남편이 쉬는 날 함께 가보자고 했던 곳이었다. 먼저 다녀와서 분위기가 어떤지 어느 메뉴가 맛있는지 알려 줘야겠다고 생각했다.

갑자기 아이가 아픈 엄마, 선약이 있어서 못 오는 엄마들을 제외하고 몇몇이 만났다. 늘 집 안에서만 모이다가 밖에서 만나니 기분이 산뜻했다. 이곳에 먼저 와 봤던 엄마의 추천 메뉴를 가득 주문하고 음식 나오기만을 기다렸다. 여느 때처럼 엄마들은 수다를 떨었고, 아이들은 아기 의자에 앉아 휴대폰을 보고 있었다. 다른 손님들을 위한 배려였다.

휴대폰을 보지 않고 가게 안을 둘러보던 지훈이의 눈에 장식품으로 놓인 자동차가 들어왔다. 자동차를 보고 싶다고 포즈를 취하는 지훈이를 아기 의자에서 내려 주었다. 자기 키보다 높은 곳에 있는 자동차를 자세히 볼 수 있도록 지훈이를 살짝 안아서 올려 주었다. 그러자 지훈이가 만져 보고 싶다는 시늉을 하며 손을 뻗었다.

"이 자동차는 가게 사장님 거야. 손님들 와서 보라고 장식해 놓은 거라서 우리가 함부로 만질 수가 없어."
"지훈이 장난감 있지? 그거 꺼내 줄까?"

지훈이는 도리도리 고개를 저었고, 장식품으로 놓인 자동차만 바라봤다. 지훈이가 이해할 수 있도록 같은 말을 여러 차례 되풀이하며 설명하고 있을 때였다.

"자경 씨! 지훈이 혼내 본 적 없죠?"
"네?!"
갑작스러운 질문에 당황스러웠다. 무엇을 뜻하는 말인지 언뜻 이해되지 않았다.

"안 될 때는 안 된다고 말하고 혼내야지. 지훈이가 혼이 안 나 봐서 엄마 말을 잘 안 듣네."

그러고 보니 돌이 될 때까지 큰 소리로 혼낸 적이 한 번도 없었던 거 같다. 지훈이에게 차근차근 설명하는 내 모습을 두고, 주변에서 벌써부터 기 싸움에 지면 안 된다며 안 될 때는 따끔하게 혼내야 한다며 다들 한마디씩 했다. 어쩐지 얼굴이 화끈거리고 아이를 잘못 기르고 있다는 생각이 들었다. 설명하는 것을 그만두고 지훈이를 안고 자리로 돌아왔다. 밥을 먹으면서도, 이야기꽃을 피우면서도 머릿속에는 언젠가 지훈이를 단단히 혼내야겠다는 생각으로 가득했다.

그 순간은 오래되지 않아 찾아왔다. 모임을 끝내고 집으로 돌아와 저녁 준비를 할 때였다. 지훈이가 자기 키보다 두 배는 더 큰 조명을 흔들고 있었다. 남편이 프로포즈 꽃 대신 사 준 조명이라 유난히 아끼는 것이었다. 남편이 있을 때 치워 달라고 부탁한다는 것을 깜빡했는데, 오늘도 어김없이 조명을 잡으려고 손을 뻗었다. 지훈이가 조명에 손을 대는 순간 가슴속에 끓고 있던 용암이 솟구쳐 올랐다.

"만지지 말랬지? 왜 이렇게 말을 안 듣는 거야?"

평소와 다르게 목소리가 커졌고 그 소리에 지훈이는 굳어 버린 화석처럼 꼼짝하지 않고 나를 바라봤다. 동그랗게 뜬 눈으로 울지도 않고 나를 멀뚱멀뚱 쳐다봤다. 잘못했다고 반성하는 모습이 아니었다.

처음 보는 엄마의 모습에 놀라 어떻게 행동해야 하는지 어쩔 줄 몰라 했다. 멍한 채 쳐다보는 지훈이가 낯선 엄마의 모습에 놀랐다는 걸 머리로는 알아챘다. 하지만 기를 꺾어야 한다는 말, 엄마를 무섭게 여기게 해야 한다는 말들이 떠올라 엉덩이 때려 주었다. 그러고도 울지 않는 지훈이를 보자 이성을 잃었고, 그렇게 힘껏 몇 대 더 때려 주었다. 결국 지훈이는 울음을 터뜨렸고 그 모습을 보자 마음이 미어지게 아팠다. 한겨울의 스산한 바람이 심장을 관통하는 듯했다. 우는 지훈이를 보며 기 싸움에 이겨 승리의 감정을 느끼기는커녕, 오히려 남의 말에 쉽게 휘둘린 나 자신이 못나 보였다.

그제야 친정엄마가 나에게 해 주시던 모습들이 떠올랐다. 엄마는 못 한다고 소리 지르거나 "안 된다!"라고 윽박지르는 대신 꾸준히 설득하며 스스로 이해할 수 있게 해 주셨다. 그것을 자연스럽게 받아들이도록 몇 번이고 되풀이해 설명하면서 생각할 시간을 주었다. 처음 걸음마를 배우는 아이들이 몇 번이고 넘어지고 쓰러져도 스스로 일어날 수 있도록 기다려 주듯 엄마는 천천히 기다려 주었다.

엄마의 사랑은 기다림이었다. 엄마의 사랑은 말이 없는 마음이고, 아이를 기다려 주는 그런 시간이라는 생각이 들었던 건 그때였다. 아직은 스스로 판단하고 행동할 수 없는 시기에 주의를 주거나 훈육하는 대신 지훈이가 이해하고 받아들일 때까지 반복해서 설명해 주던 모습과 어쩐지 닮아 있었다. 내가 그동안 했던 것도 그런 기다림의 시간이다. 나는 그날을 계기로 생각을 고쳐먹기로 했다.

'사랑이란 기다림이 깊어지는 법을 배우는 시간이다. 나만의 사랑 방식으로 아이를 키우자. 나의 소신대로 살아가자.'

배움은 가정에서부터 시작된다

"여보, 지훈이 이제 어린이집 보내야지?"

"왜?"

"둘째도 곧 태어나니깐 집에서 두 명 돌보려면 힘들잖아."

"여보, 둘째 낳고 바로 복직할 것도 아니고, 일하러 다시 나갈 때까지만 내가 데리고 있을게. 아이들은 어릴 때 부모랑 애착 관계를 형성하는 게 중요하다던데 지훈이 유치원 갈 때까지 같이 지내볼래. 힘들면 그때 보내도 늦지 않을 것 같아."

"정말 괜찮겠어?"

남편은 걱정되는지 몇 번이나 더 물었다. 집에서 아이 둘을 돌보는 일이 쉽지 않겠지만 미리부터 일어나지 않은 일을 걱정할 필요는 없었다. 어린이집에서처럼 다양한 활동을 하며 놀아줄 수는 없겠지만 아이들이 엄마를 찾을 때 곁에 있고 싶었다. 눈을 마주치고 웃어 주는 것만으로도 안정을 얻고 사랑을 느낄 수 있으리라 생각했다.

"지훈아~ 동생 태어나면 같이 뭐 하고 싶어?"

"엄마, 아기, 미끄럼틀 슝~"

"아~ 같이 미끄럼틀 타고 싶구나. 동생이랑 같이 시소도 타고 그네도 탈 수 있어. 너무 재미있겠다. 그치?"

"응."

동생이 태어나면 함께 보내는 시간이 즐겁고 행복할 거라고 지훈이에게 알려 주는 일도 잊지 않았다. 지훈이는 동생이 태어나기를 손꼽아 기다렸다.

드디어, 둘째 서빈이가 태어났다. 지훈이와 서빈이는 24개월 차이가 났는데 어린 두 아이를 돌본다는 건 예상보다 힘들었다. 서빈이가 울고, 지훈이가 떼를 쓰는 날이면 반쯤은 정신이 나갔다. 밤중 수유를 하느라 피곤하고 지치는 날도 있었지만 두 아이의 낮잠시간에 함께 잠을 자며 체력을 보충했다. 백일의 기적이 일어날 그날만을 기다렸다.

오지 않을 것 같던 백일의 기적이 지나고 서빈이는 걸음마를 시작했다. 날씨가 좋은 날이면 두 아이와 함께 밖으로 나갔다. 길가에 뒤집혀 있는 공벌레를 구해 주며 방긋 웃는 지훈이의 얼굴을 보는 일은 나를 행복하게 했다. 지금 아니면 얻지 못하는 이 시간을 사랑하기로 했다.

"어머니~"
"응? 지훈아~ 지금 뭐라고 한 거야? 어머니라고 했어?"
"응. 어머니."
"지훈이가 어머니라고 부르니깐 기분이 묘하면서도 좋아. 그런데 어머니라는 단어는 어떻게 알았어?"
"할머니."

그제야 궁금증이 풀렸다. 시어머니를 부르는 내 말을 듣고 '어머니'는 단어를 따라 한 것이었다. 그때부터 지훈이는 '엄마'라는 말 대신 '어머니'라고 부르기 시작했다.

"여보, 지훈이가 '어머니'라고 부르는데 우리는 '엄마', '아빠'라고 부르는 거 어떻게 생각해?"

그 시절 남편과 나는 서른이 넘은 나이였지만 부모님들을 '엄마', '아빠'라는 호칭으로 불렀다. 아주 사소하게 시작된 지훈이의 말 한마디로 우리 부부도 부모님을 부르는 호칭을 바꾸었다. 자연스럽게 어머니를 부르는 지훈이와 달리 부모님들을 '어머니', '아버지'라고 부르며 우물쭈물 말을 건네던 첫날을 잊지 못한다. 몸에 맞지 않는 옷처럼 어색하고 불편했지만 우리 모습을 통해 언어를 배우고 행동을 따라 하는 지훈이를 보며 깨달았다. 서로가 서로에게 좋은 자극을 주며 배워 가는 것이 가정의 역할이고, 배움은 가정에서부터 시작된다는 것을.

엄마 4년 차.
부족하고 서툴지만 아이들을 키우면서 방향을 찾는 일에 눈을 뜨기 시작했다.

말을 하지 않는 아이

흙먼지를 뚫고 오르막길을 굽이굽이 돌아 차를 세웠다. 운전이 능숙하지 않은 나에게는 꽤 먼 길이었지만, 아이와 자주 양산 법기수원지를 찾았다. 수원지 입구에 들어서자 히말라시다(개잎갈나무)와 편백 숲에서 고즈넉하고 평화로운 기운이 몰려왔다. 소란스러운 도시에서는 상상하기 어려운 풍경이었다. 상쾌한 공기를 들이마시며 흙을 밟으며 걷는 길이 좋았다. 작은 나뭇가지를 손에 쥐고 있던 지훈이는 걷다가 멈춰서 모래에 그림을 그렸다.

"이건 개미, 이건 청설모."

낙엽을 가득 주워 한 곳에 쌓았다. 겨울을 보낼 무당벌레의 집이라고 했다. 제 몸집보다 몇 배는 더 큰 나무를 한 아름 끌어안고 까르륵 넘어가는 지훈이의 웃음소리가 숲속 가득 울려 퍼졌다. 이곳에서는 시계가 오랫동안 멈춰 있었다. 저수지를 한 바퀴 돌고 집으로 돌아오는 차 안에서 지훈이는 끝도 없이 재잘거렸다. 스피커로 흘러나오는 음악 소리에 맞춰 노래를 흥얼거렸다. 앵두처럼 작은 입술은 한시도 쉴 틈이 없었다. 자연 안에서 우리는 평온했다.

추위가 가시지 않은 이른 봄, 지훈이의 유치원 생활이 시작되었다. 집에서 10분 거리에 있는 곳이라 지훈이가 적응할 동안 함께 등하교하기로 했다. 여느 때처럼 흥얼흥얼 콧노래를 부르며 첫 등굣

길에 나섰다. 지훈이 못지않게 나도 기대감과 설렘으로 가득했다. 통학버스에서 내린 아이들이 줄지어 교실로 들어섰고 우리도 교실로 향했다. 잡고 있는 지훈이의 두 손에 힘이 꽉 들어갔다. 긴장하고 있는 듯했다.

"새로운 친구들이랑 노래도 부르고 간식도 먹고 함께 놀다가 두 시간만 지나면 집으로 돌아갈 거야. 어머니가 마칠 시간에 여기서 기다리고 있을게. 약속?!"

지훈이는 복도가 떠나가도록 울었다. 불안한지 자꾸만 뒤돌아보며 눈으로 나를 찾았다. 23명 중에 어린이집에 다니지 않고 원에 온 아이는 지훈이가 유일했다. 입학 전 사전 모임 때 담임 선생님이 며칠은 울 거라고 했다. 이미 각오했지만 선생님 손에 지훈이를 보내 놓고 뒤돌아서려니 발길이 떨어지지 않았다.

아침에 치우지 못한 집을 정리하고 빨래와 점심 준비를 하니 벌써 하원 시간이 다 되었다. 서둘러야 했다. 셋째를 임신 중인 데다가, 둘째 서빈이의 걸음을 생각하면 늦을 게 분명했다. 원에 도착해 교실 복도 끝에 들어서자 지훈이의 울음소리가 울려 퍼졌다. 나를 보자마자 품에 안기더니 몇 분쯤 흐느끼고 나서야 울음이 멈췄다. 수업 마치고도 울고 있으리라고는 미처 생각하지 못했다. 그후 며칠 동안 반복해서 유치원에 가야 한다고, 몇 시간 잠시 떨어져 있어야 한다고 말하며 지훈이를 안심시켰다. 말은 그렇게 하면서도 엄마인 나 역시 준비가 안 되었는지 아이의 울음에 매일 걱정이 앞섰다.

지훈이는 한 달쯤 울었다. 그러면서도 어느 날은 기분이 좋아 수업 중에 배운 노래를 부르며 잡은 손을 마구 흔들어 대기도 했다.

"오늘 유치원 생활은 어땠어?"

"재미있었어요. 그런데….."

"그런데?"

"아니에요. 아무것도."

"어머니는 지훈이가 유치원에 가면 친구들이랑 뭘 하고 노는지, 무슨 밥을 먹었는지 너무 궁금해. 지훈이가 오늘 뭘 했는지 어머니한테 말해 줄 수 있어?"

"음….."

끝을 흐리던 지훈이의 말에 무슨 일이 있었는지 궁금했지만, 별일 아니라 생각했다.

저녁 준비가 한창일 때 서빈이와 지훈이가 토닥거리기 시작했다. 지훈이가 자기 로봇 장난감을 만지려던 서빈이에게 악을 쓰듯 소리를 질렀다. 평소답지 않은 모습에 너무 놀라 달려가 나무랐다.

"내 거야! 이리 내! 빨리 줘."

"지훈아, 서빈이가 지훈이 장난감 만져서 화난 거야? 서빈이는 아직 너무 어려서 장난감 주인이 지훈이란 걸 모르는 거야."

지훈이는 아무 말도 하지 않았다. 지훈이를 진정시키고는 하던 일을 계속했다. 아이들이 너무 조용해서 살짝 문을 열어 보니 지훈이가 벽에 기대어 두 손을 높이 들고 있었다. 혼자 벌을 서고 있던 것이었다. 너무 놀랐다.

"지훈아, 뭐 하는 거야?"
"벌서고 있어요."
"아냐~ 어머니는 지훈이한테 벌준 적 없어. 어서 손 내려."

지훈이는 눈치를 보며 손을 내렸다. 예상치도 못한 지훈이의 행동에 놀라 일단 아이를 꼭 안아 주었다. 그날 밤, 남편과 앉아 낮에 벌서던 지훈이의 행동에 관해 이야기를 나누었다. 언제나처럼 말이 없는 남편은 그저 묵묵히 들으며 한마디 했다.

"뭐 말을 안 들었나 보지."

그게 전부였다. 남편의 말에도 일리가 있었다. 엄마인 나도 혼자 두 아이를 돌보는 일이 힘에 부칠 때가 있으니 선생님 혼자 많은 아이를 돌보는 일은 힘들 것 같다며 넘어갔다.

"오늘 유치원 생활은 어땠어?"

유치원에 잘 다녀왔냐는 나의 질문에 지훈이는 고집스레 침묵을 지켰다. 무슨 일이 있었냐고 물어봐도 고개만 절레절레 흔들었다. 혹시 무슨 일이 있었던 건 아닐까 하고 선생님과 통화해 봤지만,

친구들과도 문제 없이 지내고 수업도 어려움 없이 잘 적응하고 있다는 말뿐이었다. 느긋했던 일상과 다른 규칙적인 단체 생활이 처음이라 힘들고 피곤해서 그럴지도 모르겠다고 짐작했다. 또래 아이들과의 관계, 단체 생활, 수업 시간 등 초등교육을 받기 위한 기본적인 과정이라 생각했기에 적응하는 시기만 지나면 이 또한 지나가리라 생각했다. 모든 아이가 거쳐야 하고, 나 역시 12년간의 공교육을 받았으니 내 아이 역시 그래야 한다고 생각했다. 별다른 방법이 없다고 생각했다. 아이를 믿고 기다리면 모든 것은 시간이 해결해 줄 거라 믿었다.

하지만 마음 한구석에 보이지 않는 작은 가시가 하나 박혀 있는 것 같았다. 지훈이의 작은 행동 변화도 조금 더 관심을 가지고 지켜보기로 했다. 지훈이는 더욱더 말수가 줄어들기 시작했고, 웃음마저 잃어 가고 있었다. 게다가 때와 장소를 불문하고 재료가 무엇이든 가리지 않고 그리던 그림도 전혀 그리지 않았다. 크레파스와 종이를 가져다 놓고 옆에 앉아서 내가 먼저 그림을 그리기 시작했다. 그러나 지훈이는 멍하게 넋을 놓고 앉아 있었다.

"왜 그림 안 그려? 어떤 그림 그릴까 생각하는 거야?"

지훈이는 대답이 없었다. 정적만 흐를 뿐이었다. '오늘이 지나면 괜찮아지겠지, 내일은 달라지겠지'라고 믿었지만, 오히려 시간이 흐르면 흐를수록 나와 지훈이 사이에 뭔가 모를 커다란 벽이 쌓여 가는 느낌이었다. 믿음으로 해결할 수 없는 것이 있다고 느껴

졌다. 그러나 어떤 문제인지, 해결 방법은 무엇인지 몰랐기 때문에
답답하기만 했다.

지훈이가 보내는 신호

"어머니, 내일 유치원 가요?"
"아니, 내일부터 여름방학이야."

어느덧 한 학기가 마무리되고 여름방학이 되었다. 열흘간의 짧은 방학이었다. 매일 저녁 내일 유치원에 가냐고 질문하던 지훈이는 열 밤이나 유치원에 가지 않는다는 말에 무척이나 기뻐하는 눈치였다. 느긋하게 누워서 맞이하는 아침은 신혼의 달콤함처럼 생활 속에 스며들었다. 모든 시간이 여유로웠다.

'밥 빨리 먹고 유치원 가야지.' '10분밖에 안 남았어. 빨리, 빨리.' '차 올 시간 다 되었으니까 얼른 뛰자.' 아이들이 방학하면 엄마의 개학이 시작된다지만, 오히려 아이를 재촉하거나 서두르지 않아도 되는 시간은 무엇과도 바꾸기 힘든 행복이었다.

커튼 사이로 들어온 아침 햇살을 바라보며 느긋한 아침을 즐기고 있었다.

"어머니~ 유치원 몇 밤 더 자면 가요?"
"다섯 밤 남았어. 지훈이 유치원 빨리 가고 싶구나?"
"…"
"어머니, 유치원은 왜 다녀야 해요?"

"여덟 살이 되면 초등학교에 가야 하는데, 유치원에서 미리 연습하는 거야. 친구들도 사귀고, 글자도 배우고. 어머니, 아버지도 유치원 다녔어."

"혹시 유치원에 안 가고 학교 안 다니는 사람도 있어요?"

"어머니 아버지 주위에는 그런 사람이 없는데, 할아버지 할머니가 어렸을 때는 학교 다닐 형편이 안 되어서 못 가신 분이 많으셔."

지훈이의 갑작스러운 질문에 머릿속이 혼란스러웠다.

'지훈이는 무슨 말을 하고 싶은 걸까?'

'지훈이가 원하는 대답은 뭘까?'

'나는 어떤 대답을 해 주어야 할까?'

지훈이의 두 눈을 바라봤다. 동그랗고 검은 눈동자. 두 눈으로 지훈이의 마음을 읽어 내고 싶었다. 그때 지훈이가 입을 열었다.

"어머니."

"응, 지훈아."

"그런데 선생님이 유치원에서 있었던 일은 집에서 이야기하지 말랬어요."

"그게 무슨 말이야?"

"선생님이 유치원에서 있었던 일은 집에서 어머니한테 이야기하지 말래요."

머리가 지끈거리고 심장이 빨라졌다. 유치원 생활이 한 달쯤 지날

때부터 도통 말을 하지 않던 지훈이다. 선생님의 말이 지훈이에게 어떻게 전달되었을지 상상하는 것만으로도 정신이 아득해졌다. 선생님이 어떤 이유로 그런 말을 했을지는 어렴풋이 짐작이 갔다. 자기 의사를 정확하게 전달할 수 없는 아이들의 말 전달로 오해가 생길 수 있음을 경계했을 것이다.

하지만 선생님의 말 한마디에 오랜 시간 말 못 하고 지낸 지훈의 마음과 그 모습을 지켜봐야 했던 나의 마음을 이해시키기에는 역부족이었다. 말 한마디로 아이의 인생을 바꿀 수도 있다고 생각하니 섬뜩했다. 무심코 내뱉은 말이 아이에게 이 같은 영향을 미친다고 생각하니 무심하게 지나친 시간을 되돌아보지 않을 수 없었다. 걱정과 분노와 불안이 뒤범벅된 마음으로 해결책을 생각해보았지만 뾰족한 수가 없었다. 학교에 다녀야 하니 어디서든 적응해야 하는데 다른 유치원으로 옮긴다고 지훈이의 상황이 나아질 것 같지는 않았다.

지훈이를 토닥이며 이해시키는 게 최선일까? 교사의 자질과 인성은 어디에서 어떻게 확인할 수 있을까? 그러한 기준이 확인되지 않은 교사에게 지훈이를 맡겨야 한다고 생각하니 마음이 무거워졌다. 내 아이는 내가 더 잘 아는데, 이럴 거면 내가 아이를 가르치는 게 더 낫지 않을까? 하지만 나는 누구를 가르쳐 본 적도 없고, 나조차도 부족한 면이 많다. 모든 것이 혼란스러웠다.

그런 내 마음과 달리 지훈이는 볕을 쬐듯 살짝 미소를 머금고 있었다. 오랫동안 마음에 담아 둔 말을 꺼내 놓고 마음이 편안해진 모양이었다.

애당초 배움 따위는 없었던 것 같았다. 지금까지 지훈이의 미래를 위해 겪어야 한다고 생각했던 모든 것이 나의 욕심에 불과한 것 같았다. 그러면서 생각했다. 지훈이가 지금 나에게 무엇인가 신호를 보내고 있다고.

내일도 지훈이의 미소를 볼 수 있을까?

하늘은 무슨 색이에요?

비가 그치고 아름다운 석양이 하늘에 펼쳐져 있었다. 지는 햇살이 베란다 창을 넘어 집 안까지 들어왔다. 살랑이는 바람에 빨래 유연제의 장미 향이 코끝을 스치고 지나갔다. 아이들의 웃음소리가 넘쳐나는 오후의 따스함이 스며들었다.

"어머니, 하늘은 무슨 색이에요?"

지훈이는 질문이 많은 아이였다. 질문을 통해 상대방의 생각을 듣고, 자신만의 독특한 방식으로 속마음을 꺼내 놓곤 했다.

"응? 하늘이 무슨 색이냐면…. 음, 하늘…."
"어머니, 선생님이 하늘은 하늘색이래요. 그런데 지금 하늘을 한 번 보세요. 푸른 빛 하늘에 하얀 구름, 그리고 저녁노을은 노란빛이랑 주황빛이랑 저 멀리 보면 핑크빛도 있어요. 한 가지 빛으로는 설명이 안 돼요. 어제는 또 다른 색이고 비 오는 날은 어두워서 회색빛도 있어요. 그런데 왜 선생님은 하늘색이라고 말해요?"

뭐라고 대답해야 할지 알 수 없었다. 머리를 '쿵!' 하고 한 대 맞은 것 같았다. 지훈와 같은 방식으로 사물을 본 적이 한 번도 없었기 때문이다. 온갖 정보를 수집해서 지훈이를 위한답시고 행동했던 나의 선택이 잘못되었던 건 아닐까? 지훈이가 옳은 건 아닐까? 지훈이의 말에 귀를 기울이면 기울일수록 거울 속에 비친 내 모습을 들여다본 듯 부끄러워졌다. 나의 선택에 자신이 없어졌다.

지훈이가 목소리를 잃었던 시간, 나는 학교와 공교육에 대한 고민에 휩싸여 있었다. 지훈이의 시선으로 지금의 나를 바라보니 나는 공교육의 피해자였다. 남들과 같은 생각으로 획일화된 교육을 받아왔다. 주입식 교육, 수업에 방해되는 질문은 하면 안 되고, 자신의 의견을 당당하게 드러내지 못하는 그런 교육을 받았다. 내가 바꿀 수 있는 일이 아니라는 생각에 무력감과 답답함이 밀려왔다. 도대체 어디서부터 바꿔야 할지 알 수 없었다.

나만의 문제일까? 뚜렷한 대안도 없었지만 대화가 필요했다. 조언을 얻을 누군가가 필요했다. 만나는 사람에게 고민을 털어놨지만 별일 아니라는 듯, 다들 겪는 일이라는 대답만 돌아왔다. 해답을 아는 사람은 아무도 없었다. 아이의 반응에 예민하게 구는 유별난 엄마라고 했다. 진지하게 고민을 나눌 사람은 남편뿐이었지만 남편은 바빴고, 그 핑계로 육아를 오롯이 나에게 떠넘겼다. 우리 가족의 장밋빛 미래를 꿈꾸면서도 정체를 알 수 없는 두려움이 수시로 나를 덮쳤다.

꼬리에 꼬리를 무는 홈스쿨링

고민이 깊어 갔지만 다른 대안이 없었던 까닭에 지훈이는 계속 유치원에 다녔다. 신생아 셋째를 품에 안고 둘째와 집 근처 마트에 갔을 때였다. 장을 본 뒤 언제나처럼 마트 안 놀이터로 향했다. 평일 놀이터는 우리만의 아지트였는데 시끌벅적 아이들이 놀고 있었다. 네 아이와 엄마. 아이들은 우리 아이들 또래 같아 보였다. 낯선 사람과 말 섞는 걸 어려워하는 나였지만, 알 수 없는 이끌림에 따라 먼저 말을 건넸다.

"아이들이 넷인가 봐요? 저는 세 명이에요."

상대방은 살며시 웃음 지어 보이더니 고개를 끄덕였다. 내 안에 숨어 있던 아줌마의 힘이었을까? 다시 말을 건넸다.

"오늘 아이들 어린이집 안 갔어요?"
"저희는 홈스쿨링해요."
"네? 홈스쿨링이요?"

가슴이 방망이질 쳤다. 홈스쿨링이라니!
내가 아는 한 홈스쿨링을 하는 아이들은 학교 밖 청소년, 그러니깐 학교에 적응하지 못한 아이들, 문제를 일으켜 학교를 더는 다닐 수 없는 아이들을 의미했다. 하지만 미끄럼을 타고 트램펄린을 방방 뛰며 밝게 웃는 아이들의 모습에서는 어디에서도 그런 부정적인 느낌을 발견할 수 없었다.

반달눈을 가진 웃는 모습이 예쁜 지훈이가 저 아이들처럼 웃었던 적이 언제였는지 기억을 더듬었다. 언제나 해맑게 웃을 수 있다면 지금이라도 당장 유치원에서 아이를 데려오고 싶었다. '홈스쿨링'이라는 단어 하나에 내 마음은 행복해졌고, 미래에 대한 벅찬 기대로 에너지가 온몸 가득 솟아올랐다.

그길로 도서관을 찾았다. 어떤 방법으로 시작해야 하는지, 어떤 절차를 걸쳐야 하는지 나의 궁금증을 해소하고 싶었다. '홈스쿨'이라는 단어가 들어 있는 책을 대출할 수 있는 만큼 전부 빌려왔다. 집안일은 눈에 들어오지 않았다. 자는 시간이 아까워 쪽잠을 자면서 책을 읽었다. 침실이나 화장실에서는 물론이고, 밥을 하면서도 싱크대 옆에 책을 펴 놓고 눈으로 읽었다. 그렇게 한 달쯤 도서관을 오가며 책을 읽으면서 마음을 서서히 굳히고 있었다. 하지만 남편의 의견을 들어봐야 했고, 무엇보다 아이의 의사를 들어보지 못한 상황이었다.

남편은 집안일과 육아에는 무관심했다. 회사에 열심히 다니며 돈을 벌어오는 게 가장의 몫이라 생각하는 사람이었다. 교육 문제이기도 하지만 어쩌면 아이의 미래가 달린 일인데 혼자서 결정할 수는 없는 일이었다. 남편이 반대하면 어떻게 해야 할지 생각만으로도 가슴이 죄어 왔다.

남편이 반대하면 홈스쿨링을 시작하기 힘들겠다고 생각했기에 방법을 고안해 냈다. 세 아이를 혼자 돌보고 있었지만 그 시간은 무엇보다 소중했다. 아이들과 함께하는 일상에서 결혼 전에는 느낄 수 없었던 감정을 깨달아 가던 중이었다. 남편이 우리의 시간을 들여다볼 수 있도록 아이들과의 일상을 보고하기로 했다.

활짝 웃는 아이들의 모습이 담긴 사진을 공유하고, 아이들 무심코 내뱉은 말들을 기록해 놓았다가 들려주기도 했다. 틀 밖에서 자유롭게 배우는 아이들의 긍정적인 면들을 들려주고 학창 시절 우리의 모습과 비교하며 이야기도 나누었다. 유치원 생활을 하며 달라져 가는 지훈이의 작은 변화도 잊지 않았다. 아이를 향한 나의 믿음, 엄마인 내가 내 아이를 가장 잘 안다는 마음이 전달될 수 있도록 노력했다. 그러던 어느 날, 모처럼 일찍 퇴근한 남편이 쉬고 있을 때 넌지시 말을 건넸다.

"여보, 며칠 전 마트에서 홈스쿨링하는 엄마를 만났는데 아이들 모습이 너무 밝고 좋아 보였어."
"홈스쿨링?"
"응. 아이가 네 명인데 아이들이 모두 집에서 공부한대. 당신은 홈스쿨링 어떻게 생각해?"
"나는 아이들이 나랑 다르게 살면 좋겠어. 남들과 같은 방식으로 사는 것 말고 자신만의 삶을 살면 좋겠어."
"정말? 그럼 우리도 지훈이 홈스쿨링해 보면 어떨까?"
"그래, 당신이 괜찮다면 홈스쿨링해 보자. 그런데 당신이 힘들지 않겠어? 애가 셋이나 되는데 괜찮겠어?"

내가 알던 남편이 맞나 싶었다. 일이 이렇게 전개되리라고는 불과 하루 전만 해도 예상조차 하지 못했다. 불안과 걱정으로 가득했던 마음이 사르르 녹아 눈물이 흘러내렸다. 모든 게 감사했다.

하지만 지훈이를 위해 선택한 일이라 해도 남편의 동의만으로는 부족했다. 지훈이에게 의사를 물어보지 않았기에 확신이 들지 않았다. 행여나 시간이 흘러 자신의 결정을 후회하거나 우리를 원망하지는 않을까 걱정스러웠다.

"지훈이는 유치원 생활 어때?"
"친구들이랑 놀고 재미있어요."
친구들이 있는 유치원 생활이 즐겁다는 말에 또 한 번 깊은 고민이 찾아왔다. 조심스럽게 말을 이어 나갔다.

"지훈이가 지난번에 학교 안 다니는 사람 있냐고 물어봤잖아. 그런데 지훈이가 유치원이랑 학교를 안 다니면 어떨 거 같아?"
"너무 좋을 것 같아요. 어머니랑 매일 같이 있을 수 있고, 여행도 자주 다니고. 어머니, 근데 유치원 안 다녀도 돼요?"

조금 전과 다른 지훈의 대답에 갈등이 더 커져만 갔다. 그렇게 조금씩 시간을 보내고 있을 무렵 유치원 발표회가 있었다. 처음이자 마지막이었던 발표회에서 멋진 자동차로 변한 지훈이의 모습은 우리가 홈스쿨링을 결정하는 계기가 되었다. 이제 더는 다른 사람의 시선을 신경 쓰면서 살지 않기로 했다.

머릿속에 꼬리에 꼬리를 무는 질문이 가득했지만, 어떤 방법으로 아이를 가르쳐야 하는지, 24시간이나 되는 시간을 아이와 어떻게 보내면 되는지 어느 것 하나 정해진 것이 없었지만, 이것만은 확실했다. 우리가 스스로 선택한 이 길을 함께 간다면 두려움을 극복하고 나아갈 수 있을 거라는 사실 말이다.

홈스쿨링? 언스쿨링!

발표회를 마지막으로 유치원을 그만두었다.

시작도 끝도 정해지지 않은 시간. 모든 게 느리고 평화로웠다. 자연의 흐름과 계절의 변화에 리듬을 맞추었다. 눈은 자연스레 파란 하늘과 구름을 쫓았고 햇살 아래에서 일광욕을 즐겼다. 어린 세 아이와 함께 놀이터와 공원을 순회하고 책을 읽으며 지내는 시간은 나를 행복하게 해 주었다.

홈스쿨링을 시작했지만 유치원 친구들과의 교류가 끊어지지 않도록 만남을 이어 가는 일에 신경 썼고, 공교육을 벗어난 우리 삶의 미래를 그려 보는 일도 잊지 않았다. 우리에게 맞는 방법과 방향성을 찾기 위해 책을 손에서 놓지 않았다. 많은 책을 읽었지만 책 속에서 내가 원하는 질문의 답은 찾지 못했다. 참고하려고 읽은 책들은 종교색이 짙거나, 어린 나이에 명문대에 입학한 영재, 혹은 많은 사람이 성공이라고 부르는 결과 중심적인 모습을 담은 책이 주류를 이루었다.

그러다가 한 가지를 알게 되었다. 책 속에서 만난 홈스쿨링 가정은 제각기 다른 모습을 하고 있다는 사실이다. 어느 가정도 똑같은 모습을 하고 있지 않았다. 100개의 가정이 있다면 100가지 홈스쿨링을 하고 있다는 점을 발견할 수 있었다. 각자의 사정에 맞는 다양한 모습으로 존재하고 있었다. 각 가정에서 내가 원하는 부분들을 취하고, 그 속에 우리 가족의 모습을 그려 넣어 보았다. 그림이 그려질 듯 말 듯 했다. 뭉게구름처럼 어렴풋이 떠올랐다가 이내 사라졌다.

그럼에도 불구하고 끊임없이 솟아나는 질문과 고민을 해결하기엔 역부족이었다.

'홈스쿨링은 언제까지, 어떤 방법으로 진행할까?'
'지훈이가 학교에 궁금증이 생겨서 가고 싶다고 할 때는 보낼 것인가?'
'검정고시는 언제쯤 치를 것인가?'
'누가, 무엇을 지훈이에게 가르칠 것인가?'

늘 이런 고민이 따라다녔다. 게다가 나는 경험해 보지도 못한 홈스쿨링을 무책임하게 실험하고 있는 건 아닌지 내적 갈등이 생겼다. 지훈이를 위한다는 목적으로 시작하지만, 부모가 욕심을 내면 남들보다 더 많은 시간을 공부하는 데 할애할 수 있을 것 같았다. 결국 학습에 욕심을 부리려면 한없이 부릴 수 있는 게 홈스쿨링이라는 결론을 얻었다. 공교육을 벗어나는 게 지훈이를 위한 일인지 지훈이를 위한 나의 욕심인지 생각하지 않을 수 없었다.

지훈이는 다섯 살이고 학령기에 접어들 때까지 시간적 여유가 있었지만, 방향을 수정하더라도 삶의 큰 틀은 정해야만 했다. 남편의 의견도 놓치지 않기 위해 매일 이야기를 나누었다. 아이들의 교육을 전적으로 나에게 맡기고 있는 남편이 시간이 흐른 뒤 어떻게 행동할지 모르기 때문이다. 책 속의 주인공처럼 되기를 막연하게 기대했다가 그런 결과가 나타나지 않으면 책임을 몽땅 나에게 전가할 것만 같았다. 게다가 남편이 나보다 학교 성적이 우수했고, 머리가 똑똑하다고 생각했기 때문에 남편이 학습을 담당했으면 하고 바랐다.

그렇지만 남편의 생각은 나와 달랐다. 시간표를 짜서 수업해야 하는 거라면 학교를 보내는 게 더 나을 거라고 얘기했다. 중도 제 머리를 못 깎듯이 자기 아이를 가르치는 일은 선생님들도 힘들어하는 일이고, 힘들면 중도에 포기하게 되고 아이와 관계만 멀어질 것이라고 했다. 역시 남편은 나보다 나았다. 하지만 뚜렷한 해결책을 가지고 그렇게 이야기한 것은 아니었다.

"지금은 다섯 살이니깐 놀아도 상관없지만 조금 더 커서는 어떻게 공부시키면 좋을까?"
"여보, 나중에 검정고시를 쳐야 하는데 그건 언제 치면 좋을까?"
계속되는 나의 질문에 조금씩 말이 줄어들었고, 얘기는 다시 처음으로 돌아왔다. 그때 조용히 있던 남편이 입을 열었다.

"아이들이 원할 때 그때 스스로 공부하게 하자. 홈스쿨링이라는 게 집에서 공부만 가르치는 건 아닌 거 같아. 당신은 항상 공부보다 더 중요한 건 인성이고 아이답게 자라는 거라고 말했잖아."

간결하고 명쾌한 남편의 말에 물개박수를 치며 펄쩍펄쩍 뛰었던 기억이 난다. 남편의 말은 '언스쿨링'을 의미했다. 홈스쿨링이 부모가 학습을 계획하고 준비하고 커리큘럼을 따라 가정에서 아이들을 가르치는 것이라면, 언스쿨링은 아이들이 스스로 주도적 학습으로 해 나가는 방식이었다. 배움을 원하는 시기가 왔을 때 자신들이 원하는 방식으로 배울 수 있도록 돕는 것이었다.

획일적인 교육은 아이들의 타고난 재능을 무시하고 공부의 즐거움을 느끼지 못하게 할 거라는 남편의 의견에 나 역시 동감했다. 거기에 책을 읽으며 정리했던 생각과 내가 가진 삶의 작은 철학들을 더해 보기로 했다.

그렇게 우리 가족은 '언스쿨러'가 되었다.

아이들의 재능을 내가 찾아줄 수 있을까?

마트에서 만났던 홈스쿨링 가족과 교류가 시작되었다. 지훈이보다 두 살 많은 아이가 있었고 나머지 세 아이는 우리 아이들과 나이가 똑같아 금세 친구가 되었다. 아침을 먹고 공원에서 만나 노는 일이 일상이 되었다. 곤충을 잡고, 뛰어노는 아이들을 보고 있자니 이런 게 행복인가 싶어 입가에 살포시 미소가 지어졌다.

때로는 유치원에 다닐 때처럼 아침 일찍 나갔다가 남편이 퇴근하는 늦은 시간까지 놀다 오기도 했다. 여럿이 둘러앉아 모래성도 쌓고 자동차가 가는 길도 만들며 모래놀이를 했다. 놀이터에서 미끄럼도 타고 잔디밭에서 공놀이도 하기를 바랐지만, 지훈이는 목이 마르거나 화장실을 가야 할 때가 아니면 꼼짝하지 않고 모래놀이만 했다. 오랜 시간 앉아서 모래놀이에 몰입했다. 몇 시간씩 앉아 모래놀이만 하는 모습을 지켜보는 것이 얼마나 큰 인내심이 필요한 일인지 그때 처음 알았다.

생각해 보니 처음은 아니었다. 지훈이가 책을 보며 아르마딜로에 흠뻑 빠졌던 시기가 있었다. 그리고 우연히 찾은 여행지에서 아르마딜로를 보게 되었다. 유리창 너머에 있는 움직이는 아르마딜로에 흠뻑 빠져 그 앞에서 긴 시간을 보냈다. 함께 간 일행이 있고, 동물원 폐장 시간도 얼마 남지 않은 상황이라 다른 동물도 둘러보고 싶었다.

"지훈아, 저기 퓨마도 있는데 그거 보러 갈까?"

"아뇨. 어머니는 아르마딜로 본 적 있어요?"

"어머니도 처음 봤어."

"책에서만 보다가 실제로 보니깐 귀엽고 멋있어요. 어머니, 아르마딜로는요~"

책을 함께 보며 읽어 준 내용을 나에게 다시 들려주었다. 관심이 없던 나는 전혀 기억하지 못하고 있던 내용이었다. 그러나 지훈이는 최대 관심사였기에 들은 내용 중 기억하고 있는 이야기를 모두 쏟아 냈다. 눈을 맞추며 이야기를 들어주고 질문을 주고받았을 뿐인데 지훈이는 자신의 관심사를 지지해 준다고 생각하는 듯했다. 일행을 먼저 보내고 폐장 시간까지 아르마딜로만 보았던 기억이 떠올랐다.

다양한 경험을 하게 해야 한다는 말에 "이거 해 볼까?", "저기 가볼까?" 하며 수학여행 온 듯 이리저리 데리고 다니며 살았다. 착각이었다. 지훈이는 자신이 흥미로워하는 것을 충분히 관찰하고 질문을 던지며 호기심이 채워져야만 만족했다. 그런 다음에야 다른 곳에 가 보고 싶다고 했다.

집에서도 상황은 비슷했다. 원하는 책을 몇 번씩, 때로는 수십 번씩 읽은 후에야 다른 책을 읽었다. 가끔은 읽어 주는 내가 지겨워져서 다른 책을 가져오라고 했다. 아이들이 문제가 아니라 반복해서 읽어 주지 못하는 내가 문제였다. 다양한 책을 읽었으면 하는 나의 조바심이 지훈이의 흥미를 떨어뜨리고 있었다.

홈스쿨링을 시작하며 제일 큰 과제는 '아이들이 잘하고 좋아하는 일을 내가 찾아줄 수 있을까?'였다. 정규 교육을 받고, 어른이 되고, 부모가 되었지만 정작 나도 내가 뭘 좋아하는지 어떤 일을 잘하는지 찾지 못했는데 아이들의 재능을 찾아낼 수 있을지 미지수였다.

하지만 아이들과 함께하는 시간 속에서 깨달았다. 그동안 단 한 번도 내가 원하는 것에 진정으로 빠져들 만큼의 자유가 허락되지 않았다는 것을. 관심을 가질만한 일은 모두 어른들의 지지를 받지 못했고, 학교와 학원 다니는 데 모든 시간을 쏟아부었다는 사실을. 한 걸음 떨어져서 보니 모든 것이 선명해졌다.

남편과 나는 아이들이 우리 품을 떠나기 전에 자신의 고유한 특성과 재능을 스스로 발견하게 하는 것을 목표로 삼았다. 아이들이 몰입하며 노는 중에 자신이 원하는 것, 잘하는 것이 무엇인지 알아내 그것을 자기 것으로 만들리라 믿기로 했다. 우리가 할 일은 아이가 독립적으로 놀 수 있는 여건을 마련해 주고, 친구들과 어울려 관찰하고 탐구하며 몰입을 경험할 수 있도록 시간을 주며 기다리는 것이라고 생각했다.

세상과 거리 두기가 필요할 때

"여보, 나는 바다가 있고 산이 가까운 곳에 가서 살고 싶어. 우리 이사 갈래?"

"그러면 회사는 어쩌고? 돈도 벌어야지. 당신은 세상을 너무 몰라."

"당신이 그동안 해 보고 싶었던 거 하면서 여보 꿈도 찾고, 가끔 일도 하고 그렇게 살자. 응? 일 년은 충분히 일 안 하고도 살 수 있어."

나는 나를 믿었다. 몇 년 동안의 절약 습관으로 최소한의 생활로도 만족스럽게 살고 있었고, 우린 아직 젊기에 무슨 일이든 할 자신이 있었다. 오랜 설득이 이어졌다. 퇴근한 남편에게 우리가 살아갈 모습을 그려 주고 설명해 주었지만, 남편은 핀잔을 주기 일쑤였다. 그래도 포기하지 않았다.

"여보, 바다랑 산이 있으려면 남해나 제주도가 좋을 것 같은데 당신은 어디가 좋을 것 같아?"

"둘 중에 고르라면 제주도가 낫지."

아무것도 정해지지 않았지만 남편이 짧은 대답을 해 주는 것만으로도 즐거웠다. 얘기가 나오기 무섭게 그길로 제주도에 집을 알아보기 시작했다. 제주도에는 연세라는 제도가 있었다. 일 년 치 월세를 한꺼번에 먼저 내고 거주하는 방식이었다. 가진 것이 많지 않은 우리에게 딱 알맞았다.

"이 집 어때? 괜찮지 않아? 한라산이 바로 보인대."

연세로 나온 매물을 보며 남편의 마음에 제주도의 꿈을 심어 주었다. 그 꿈은 남편의 꿈이자 나의 꿈이었기에 포기하지 않았다. 그러던 어느 날 정말 마음에 쏙 드는 집이 나타났다. 펜션으로 사용하던 곳으로 세탁기와 냉장고, 소파와 책장까지 있는 곳이었다. 잔디가 깔린 앞마당과 고기를 구워 먹을 수 있는 뒷마당까지 그야말로 꿈에 그리던 집이었다.

"어때? 진짜 괜찮지?"

남편의 의견을 듣고 싶었지만 입을 꾹 다물고 있었다. 제주도 연세는 매물이 금방 사라진다는 말을 들은 까닭에, 괜스레 조바심이 났다.

"진짜 회사 그만둬도 괜찮을까?"
"애들이 셋인데 어떻게 먹고 살지?"
"내가 하던 일은 제주도에 없는데 직장은 어떻게 구하지?"

삶에는 다양한 길이 있고 우린 다른 길을 선택했을 뿐이다. 다르게 살아갈 뿐이지 틀린 건 아니니깐. 무엇보다도 내 가슴이 뛰었기에 이 길이 맞는다는 확신이 강하게 들었다. 다음 날 아침 전화로 계약하고 계약금을 보냈다. 남편은 사직서를 냈고 한 달 뒤 우리는 제주도민이 되었다.

변화를 위해 고민하고 결정했으니 미룰 필요가 전혀 없었다. 친구들과 지인들은 제주도로 이사한다는 소식을 듣고는 로또라도 당첨됐냐며 물어왔다. 아는 사람 하나 없는 곳에서 외롭지 않겠냐고 걱정과 조언을 건네기도 했다. 이사를 준비하는 동안 남편과 나는 앞으로 일어날 일에 대한 설렘으로 가슴이 뛰었다. 남편의 얼굴에도 잔잔한 웃음이 퍼지고 있었다.

왜 나만 유치원에 보냈어요?

제주도의 봄바람은 상큼했다. 코끝으로 들이마시는 바닷바람은 가슴 속까지 뻥 뚫어 주었다. 늘 가던 바닷가는 관광객으로 북적였고, 마을 곳곳에는 가게 새 단장을 알리는 현수막이 걸려 있었다. 학교 정문에는 입학식 안내 현수막과 유치원 입학 안내 현수막이 바닷바람에 흔들리고 있었다.

"어머니, 서빈이는 몇 살이에요?"
"서빈이는 이제 다섯 살이지."
"서빈이는 몇 살이냐고요."
"응~ 서빈이는 올해 다섯 살이 되었어."
목소리에 잔뜩 힘이 들어간 소리로 지훈이가 다시 물어왔다.

"서빈이는 몇 살이에요?"
"지훈이가 못 들었나 보네. 서빈이는 올해 다섯 살 된 거야."
그러자 일그러진 얼굴과 잔뜩 화가 난 목소리로 지훈이가 물었다.

"나는 다섯 살 때 유치원에 갔는데, 서빈이는 다섯 살 됐는데 왜 유치원 안 다녀요?"
"우리 가족은 이제 홈스쿨링하잖아. 그래서 서빈이는 유치원에 안 가고 집에서 공부하는 거야."
"근데 왜 나는 유치원에 보냈어요? 왜요?"

지훈이는 울먹울먹하며 격앙된 목소리로 마음속에 숨겨 둔 말을 토해냈다. 혼자 유치원에 다니던 그 시간이 억울하고 힘들었을 것 같았다. 지금이라도 그 마음을 달래 줘야 할 것 같았다.

"우리나라에서는 초등학교, 중학교가 의무교육이라서 꼭 다녀야 해. 그래서 어머니랑 아버지도 학교에 다녔고. 지훈이도 당연히 학교에 다녀야 한다고 생각했어. 학교에 가서 배워야 할 것들을 유치원에서 미리 배우면 학교생활에 도움이 되니깐 유치원도 다녔고. 그런데 이제 우리 가족은 홈스쿨링을 하니깐 서빈이는 유치원에 안 가는 거야."
"나는 유치원 가기 싫었는데, 어머니랑 함께 있고 싶었는데, 왜 나만 유치원에 보냈어요? 왜요?"
눈을 동그랗게 뜨며 지훈이가 말했다. 한껏 목소리가 커진 후였다.

"어머니는 지훈이가 친구들이랑 보내는 시간을 좋아하고, 또 유치원에 안 가고 싶다는 말을 안 해서 유치원 생활이 즐거운 줄로만 알고 있었어."
"친구들이랑 지내는 게 재밌긴 했지만 어머니가 더 좋아요. 서빈이가 더 좋고요."
멈춰 서서 지훈이의 눈을 마주 보았다. 속상함과 억울함에 눈물이 글썽글썽 맺혀 있었다.

"지훈아, 누구나 실수할 수 있어. 그치? 어머니도 지훈이를 낳고 처음으로 어머니가 되었잖아. 기저귀를 가는 일, 젖을 물리는 일도 처음이었고, 아기에 대해서 모든 게 서툴렀어. 어머니도 어머니가 된 게 처음이라서 실수도 잦았고, 지훈이를 위해서 했던 일들이 지훈이를 힘들게 했다는 것도 이제야 알게 되었어. 유치원 다닐 때 어머니가 지훈이 마음을 몰라 줘서 정말 미안해."

가슴이 미어질 듯 아팠다. 눈에서 눈물이 쏟아져 나왔다. 응어리져 있던 아이의 마음이 조금이라도 녹아 내리길 바랐다. 나의 진심이 아이에게 전달이 될 수 있다면 몇 번이라도 사과하고 용서를 구할 참이었다.

"어머니 사과 받아 줄 수 있어?"

봄바람에 얼었던 지훈이의 손이 따스함으로 번지고 있었다. 아이가 보내던 신호들, 침묵을 지키며 속앓이하던 시간이 바람에 일렁이는 파도처럼 밀려들었다. 우린 그렇게 한참을 말없이 서 있었다.

"어머니."
"응?"
"어른들도 실수할 수 있네요. 모르는 것도 있고요?"

지훈이가 입가에 미소를 띠며 물었다. 잘못을 저지르고, 오해가 생겼을 때 인정하고 수용하는 것이 최고의 무기가 될 수 있다는 것을 지훈이는 이해한 것일까. 살아가면서 솔직함이 필요할 때, 용기가 필요한 순간에 오늘 일을 기억하기로 했다.

솔직함으로 쌓은 시간은 따스한 봄의 햇살처럼 우리를 편안하게
해 주었다.

서로를 이해하는 시간

"지훈아, 서빈아. 거북손 한번 볼래?"

"거북손이 뭐에요?"

"거북이 알지? 거북이 손이랑 닮아서 거북손이라고 이름이 붙여졌대."

"우와~ 신기하다. 먹을 수 있어요?"

"응. 요리해서 먹기도 하고, 삶아서 먹을 수도 있어."

남편의 부름에 아이들이 쪼르르 달려가 바위틈에 붙은 거북손을 바라보았다. 감정을 드러내는 일이 좀처럼 없는 남편이었지만 제주도에서의 생활은 남편의 말문을 트여 주었다. 매일 제주도 오름과 바닷가를 찾았다. 바다를 좋아하는 아이들과 나와 달리 모래밭을 싫어하는 남편은 멀찍이 떨어져 혼자 시간을 보냈다. 모래에 발이 닿으면 바다에 잡아먹히기라도 하는 듯 행동했다.

"나도 한번 걸어 볼까?"

우연히 찾은 우도의 서빈백사에서 남편은 양말을 벗고 조심스레 물에 발을 담갔다. 아이들과 나는 손뼉을 치며 용기 낸 남편을 응원했다. 마치 세상을 처음 만나는 아이 같았다.

평소 말 없는 남편의 단점이 어느새 장점으로 빛나기 시작했다. 가

만히 앉아서 온 마음으로 나의 이야기를 들어 주었고, 타인보다는 자신에게 집중하는 남편의 모습을 보면 나도 그 모습을 닮아 가고 싶었다. 남편은 서서히 그렇게 달라져 갔다. 마음 앓이를 하며 보냈던 신혼 시절을 남편의 변화로 보상받는 듯했다. 아이들을 재우고 마주 앉아 두런두런 이야기 나누는 시간이 늘어났다. 어느 때보다 더 사랑한다는 말을 자주 나누었고 자주 웃었다. 행복했다.

다섯 식구가 24시간 늘 함께 붙어 있었다. 두 살 터울의 세 아이는 누구보다 서로를 잘 아는 것 같았다. 막 두 돌이 지난 막내 유진이는 '엄마', '맘마' 등 간단한 단어들을 어설프게 말하기 시작했다.

"어머니~ 유진이가 배고프다고 해서 사과 줬어요. 그런데 갑자기 책을 읽어 달라고 해서 책도 한 권 읽어 줬어요."
"정말? 유진이한테 책도 읽어 주고 사과도 챙겨 줘서 고마워. 그런데 유진이가 책 읽고 싶어 하는 건 어떻게 알았어? 어머니는 유진이 말이 서툴러서 뭐라고 하는지 잘 못 알아듣겠던데, 지훈이가 어머니보다 유진이 말을 더 잘 알아듣네?"

부모인 나보다 동생 말을 잘 알아듣는다는 한마디는 지훈이의 어깨에 힘을 실어 주었다. 그 후로 서빈이와 지훈이는 유진이 말을 누가 더 잘 알아듣는지 내기라도 하듯 유진이가 원하는 게 있으면 나보다 먼저 챙겨 주었다.

함께하는 시간이 쌓이고 쌓이면 너와 내가 다름을 자연스레 이해하게 된다는 것을 경험했다. 어떤 음식을 좋아하는지, 무엇에 관심이 있는지, 그리고 왜 그것에 관심이 있는지 자기 자신만큼이나 잘 알게 되었다. 함께 밥을 먹고, 뒹굴고, 더 많은 시간을 보내는 그 과정에서 우리는 서로 어떤 사람인가를 보여 주고 있다.

언젠가 나이 들면 남편과 함께 같은 취미 생활을 하는 꿈을 꾸었지만, 남편이 여전히 회사에 다녔다면 그때가 되어 서로를 이해하며 같은 취미 생활을 할 수 있을까 의문이 든다. 가족이라는 이름으로 서로 이해하고 사랑 베풀기를 과도하게 기대만 할 뿐, 서로 함께 할 시간을 만들지 않는다면 어떻게 될까? 가족이라는 이유로 언젠가 오지도 않을 시간을 허무하게 기다리며 서로를 소홀히 대하게 되지는 않을까? 진지한 고민이 필요한 질문이라는 생각이 든다.

홈스쿨링 네트워크

"겨울에는 제주 대방어가 제맛이에요. 한번 드셔 보세요."

푸짐하게 차려 놓은 음식을 보니 식욕이 돋았다. 제주에도 홈스쿨링을 하는 가족이 있는지 알아보다가 댓글로 우연히 연락처를 주고받은 것이 인연이 되었다. 우리는 제주에 지인이 한 명도 없었다. 그런 우리가 제주로 이사 왔다는 소식을 듣고 예은이네가 먼저 초대해 주었다.

근엄한 모습과 달리 분위기를 띄워 주시는 예은이 아버지와 시어머니를 모시며 아이에게 효가 무엇인지 몸소 보여 주는 예은이 어머니, 그리고 예은이가 있었다. 지훈이보다 한 살 더 많은 예은이도 언스쿨러였고 자연과 더불어 배우며 시간을 보내고 있었다.

제주도에서 시작된 낯선 삶이었지만, 언스쿨러라는 공통점이 우리를 자연스럽게 이어 주었다. 우리가 제주에 오게 된 배경과 아이들을 어떻게 가르칠지 서로 이야기 나누다가 아이들이 잠들 시간이 되어서야 집으로 돌아왔다.

사람을 제외한 동물은 모두 스스로 자기 집을 짓고 산다며 벽돌 하나하나를 쌓고 시멘트를 반죽해 손수 집을 짓고 있는 예은이네였다. 언젠가 집을 짓고 살고 싶다는 생각을 하긴 했지만 정말 집을 짓는 분을 만나니 놀라웠다. 게다가 예은이네는 집 짓는 일에 남편의 도움을 받고 싶다며 함께 일해 보지 않겠냐며 제안했다.

제주도에 와서 칼국수집 설거지 알바를 시작으로 귤밭 거름주기, 타일 조공 등 일용직 근로를 하던 남편은 잘할 수 있는 일이 무엇인지 찾는 중이었다. 그런데 뜻하지 않게 집 짓는 일을 하게 되었으니 그야말로 나의 꿈에 한 발짝 다가가고 있다는 생각이 들었다. 마다할 이유가 없었다. 다음 날부터 남편은 집 짓는 일을 도우며 예은이 할머니가 생활할 집 한 채를 함께 지었다. 우리도 손수 집을 지어 보자며 남편을 설득한 적이 있지만 그때만 해도 집 짓는 일에 관심을 보이지 않던 남편이다. 하지만 첫 출근을 하고 난 뒤에는 나처럼 우리 집을 우리 손으로 짓고 싶다는 바람을 가지게 되었다. 경험을 통해 배우는 것은 아이들뿐 아니라 어른들에게도 꼭 필요하다고 생각한다.

남편이 직장생활을 할 때는 출근하고 나면 아이들을 데리고 엄마들과 만나는 데 대부분 시간을 보냈다. 남편은 회사 일로 바빴기에 아이에게 관심을 가질 시간이 그리 많지 않았고, 그러다 보니 아이의 발달 상황을 말해 주지 않으면 가족에게 소홀해질 수밖에 없었다.

그러나 홈스쿨링을 선택하고 난 이후에는 모든 시간을 함께하며 엄마만의 모임이 아니라 가족끼리 교류가 이루어졌다.

"저기서 놀아."

"애들은 몰라도 돼."

"어른들끼리 대화 중이야. 잠시만."

이런 말은 없었다. 늘 화두에 아이들이 있었고, 아빠 엄마와 아이들이 함께 참여하고 대화를 이어 나갔다. 가족끼리 만남이 늘어나자 남편은 아이들에게 관심을 가지는 것은 물론이고 주위를 돌보는 여유로움까지 생겼다. 아이들을 위한 만남으로 시작되었지만 남편과 나 역시 인생 친구가 생겼다는 마음으로 부족한 것을 배워 가기로 했다.

정보화 시대에서 만남은 정보가 되고 곧 기회가 되었다. 물과 공기가 생명 유지에 필요한 것처럼 세상의 모든 일은 사람과 사람을 통해서 이루어진다는 것을 깨닫게 되었다. 학교를 벗어나니 세상이 보였다. 회사를 벗어나니 결이 같은 사람들을 만나 힘을 얻었고, 삶을 대하는 자세가 달라지기 시작했다. 이 모든 게 아이들 덕분이었다. 홈스쿨링을 시작하면서부터 우리를 둘러싼 모든 것이 변해 갔다.

책 읽는 가족

제주의 날씨는 변화무쌍했다. 맑았다가 금세 흐렸다가 그리곤 비가 내렸다. 비가 오는 날이면 도서관에 갔다. 아이들과 자주 도서관에서 시간을 보내곤 했는데 그때마다 남편은 책 대신 휴대폰을 보며 시간을 보냈다. 남편은 한국 평균 독서량을 깎아 먹는 사람이 바로 자신이라고 스스로 말할 만큼 독서에 관심이 없었다.

우리가 주로 이용하던 곳은 함덕에 있는 조천읍도서관이었다. 아담한 2층짜리 건물에 2층 전체가 열람실로 꾸며져 있었다. 유아와 어린이, 성인 도서가 함께 있어서 아이들의 모습을 지켜볼 수 있다는 것이 최고의 장점이었다.

모든 것이 평온했고 무엇보다도 시간적 여유가 넘쳤다. 주로 비 오는 날을 이용하다가 매일 도서관에 드나들었다. 도서관은 아이들에게 모험을 떠나는 최고의 여행지가 되어 주었다.

시간이 흐르면서 남편도 조금씩 책을 가까이하기 시작했다. 책이라고는 라면 냄비 받침으로만 쓰던 남편이 서가에서 책을 꺼내 들었다. 그리고는 무협지를 시작으로 대출 목록을 쌓아 가기 시작했다. 에세이, 여행 서적, 영어 서적, 자기 계발서, 집 짓기, 목공예 등 차츰 다양한 장르의 책을 접하면서 관심 분야가 생겨나기 시작했다. 저녁을 먹고 나면 아이들은 어김없이 책을 들고 남편 곁으로 우르르 몰려갔다. 책을 읽어 주다가 꾸벅꾸벅 조는 남편의 모습을 보며 아이들은 웃음을 터뜨렸다.

"이건 무슨 글자예요?"

가족들 이름만 쓸 줄 알던 지훈이는 책을 읽으며 글자에 관심을 보이기 시작했다. 차를 타고 가다가도, 길을 걷다가도 간판에 쓰인 글자를 물어보았다. 아이가 관심을 보일 때가 공부를 시작할 적기라지만, 남편과 나는 궁금증을 해소할 만큼만 알려 주었다. 이른 학습으로 지훈이가 호기심을 잃어버리지 않을까 걱정해서였다. 글자에 대한 궁금증이 늘어날수록 우리는 지훈이에게 책을 더 자주 꾸준히 읽어 주었다. 그렇게 도서관을 이용한 지 몇 개월이 지나자 지훈이는 스스로 책을 읽기 시작했다. 그야말로 자연스레 한글을 깨친 것이다. 그리고 동생들에게 책을 읽어 주기도 했다.

"아버지는 졸면서 읽으니깐 무슨 이야긴지 모르겠는데 오빠가 읽어 주는 건 진짜 재미있어. 또 읽어 줘, 오빠야."

아이들은 읽고 싶은 책을 골라 왔고, 그중에서 아이들이 아직 접하지 않았으면 하는 것은 제외했다. 도서관 서가에서 책을 꺼내 보니 어린아이가 보기에 잔인한 그림이나 끔찍한 말이 담긴 그림책이 생각보다 많았다. 어른과 마찬가지로 아이들도 좋은 책을 읽을 권리가 있다고 생각했다. 아이들의 책을 선별하는 데 시간이 오래 걸렸다. 학년별 추천 도서와 권장 도서도 아니었고, 엄마들의 입

소문을 탄 책도 아니었기 때문이다.

그림책을 읽을 때면 아이들이 두려움이나 무서움을 느낄 것 같은 단어를 동물 이름으로 바꿔서 읽었다. 귀신, 도깨비, 유령 같은 단어를 고양이, 늑대, 호랑이로 변경했을 뿐인데 지훈이는 책을 고를 때 신중하게 골랐고, 혹시나 그런 단어가 나오면 동물 이름으로 바꿔 동생들에게 읽어 주었다. '멋있다'는 어린 두 동생의 말에 지훈이의 책 읽기는 좀처럼 멈추지 않았다. 구연동화를 들려주듯 책을 읽는 모습을 동영상으로 촬영해 동생들이 혼자 책을 읽으며 들을 수 있게 해 주었다. 책의 힘은 정말 위대하다는 생각이 저절로 들었다.

"네? 정말요?"

외출하고 돌아오는 차 안에서 남편이 전화 한 통을 받았다.
남편은 잔뜩 흥분했다.

"우리가 책 읽는 가족으로 선정되었다고 다음 주에 상 받으러 오래."

매년 도서관에서 우수 이용 가족을 선정해 시상한다는 소식이었다. 상을 받으러 오라는 말에 아이들도 신이 나서 손뼉을 치고 시끌벅적했다. 다들 상 받는 날만 손꼽아 기다렸다. 다양한 볼거리와 체험 프로그램이 있는 독서문화대전이 열린 날, 많은 사람이 모였다. 조천읍도서관 사서 선생님이 우리를 반겨 주셨다.

"다른 가족들이랑 차이가 확연히 많이 났어요. 1,000권 넘게 읽으셨던데요. 정말 축하드려요."

매일 저녁 둘러앉아 책장을 넘기던 시간이 헛되지 않았다. 독서는 우리 가족 삶의 내비게이션이 되어 주었다. 내가 먼저 책 읽는 모습을 보여 준다면 독서가 가치 있음을 알고 책을 사랑하는 아이들로 자랄 것이라는 확신이 생겨났다. 우리가 가는 길이 헛되지 않다는 것, 그리고 책 속에 길이 있다는 것을 다시 한번 깨달았다.

취학통지서를 받다

하얀 모래사장과 깨끗하고 푸른 제주 바다.

맑고 드넓은 하늘로 둘러싸인 하루하루.

바다를 건너온 상쾌한 바람이 스친다. 모래를 밟고 파도를 뛰어넘으며 깔깔깔 웃어대는 아이들의 웃음소리로 매일매일 행복을 채워 나갔다.

눈을 뜨면 바다로 향했고, 바닷물이 차가워지기 시작하면 오름에 올랐다. 검게 그을린 피부에 하얀 치아를 드러내고 웃는 아이들을 볼 때면 마냥 웃음이 새어 나왔다.

바다와 산, 구름과 나무, 자연의 속삭임을 들으며 지낸 지 2년째가 되었다. 행복에 취해 하루하루를 보내고 있었지만 때때로 밀려드는 무료함과 허무함에서 벗어나고 싶기도 했다. 남편의 직장도, 아이의 학교도 매여 있는 곳이 없으니 언제, 어디로 떠나도 전혀 이상할 게 없었다. 우리는 자유로웠다. 어디든 갈 수 있다는 생각에 우리는 또 한 번의 이사를 결정했다. 따스한 봄이 오는 3월, 우리 가족은 제주도를 떠나기로 했다.

이사를 결정한 12월 어느 날, 취학통지서를 받았다. 달라질 것이 없는 일상이었지만 취학통지서를 받고 나니 갑자기 걱정이 앞섰다. 앞으로 헤쳐 나가야 할 길이 멀게만 느껴졌다.

인터넷 정보에 따르면 입학식 전에 미리 학교에 홈스쿨링 상황을 알리는 게 좋다고 했다. 떨리는 가슴을 부여잡고 전화기를 들었다. 아이의 담임 선생님이 아직 정해지지 않은 상황이라 학적 담당 선생님과 이야기를 나누었다. 홈스쿨링 가족은 처음이라며 당황해하는 목소리였다. 아이의 기본적인 상황과 홈스쿨링을 하는 목적 등 간단하게 몇 마디를 나누었다. 언제가 될지 모르지만 3월 이후에 의무교육위원회를 거치고, 출석 일수 중 3분의 1 이상 결석하면 그때 정원 외 관리가 진행된다고 했다.

"이렇게 간단한 거였어? 괜히 마음 졸였잖아."

전화를 끊고 남편에게 속 시원함을 드러냈다. 앞으로 일어날 일은 알지 못한 채.

그래도 초등학교는 졸업해야지

"니네는 무슨 생각이야? 니네 자식이니 알아서 잘 키우겠지만 그래도 초등학교, 중학교는 의무교육 아니야?"
"사회성도 기르고 친구도 사귀려면 학교에 가야 하는데 다시 생각해 봐라. 대학교도 보내야지."

눈썹이 반쯤 치켜 올라간 채 놀란 토끼 눈을 한 어머니가 천천히 입을 열었다. 화가 난 듯 평소보다 목소리가 커진 어머니는 답답하다는 얼굴로 남편과 나를 번갈아 가며 쳐다봤다. 세 아이의 아빠가 백수가 되어 버린 상황과 아는 사람 하나 없는 제주도로 떠난 일은 어머니의 마음을 힘들게 했다. 게다가 지훈이마저 학교에 안 보낸다고 하니 쉽게 이해되지 않으셨을 것이다. 부모가 되고 자식을 낳아 보니 자식 인생 앞에서 부모의 가슴은 한없이 작아진다는 걸 깨달았다.

양가 부모님께 말씀드리는 일은 우리 부부에게 큰 숙제였다. 남편과 나는 누가 말할 건지 언제 말할 건지 서로 미루었지만, 취학통지서가 나왔으니 더는 미룰 수 없었다. 그동안의 상황과 앞으로 계획을 말씀드렸다. 어머니 옆에서 이야기를 듣고 계시던 아버님이 한마디 하셨다.

"그래도 초등학교는 졸업해야지."

부모님들이 우리 생각을 완벽하게 이해해 주실 거라고는 생각하지 않았다. 설득하는 건 더욱더 불가능하다고 생각했다. 부모님 세대에는 학교가 신분 상승을 안겨 주는 길이었다. 그런 만큼 우리 상황을 이해 못 하는 게 당연했다. 소속된 집단이 없으면 낙오자로 여기는 세상 속에서 우리 생각만으로 살아갈 수 있을지 걱정스러우셨을 것이다. 게다가 친정아버지는 꾸준히 우리를 설득하기 위해 전화를 걸어왔다.

"내가 알아보니 미국에서는 홈스쿨링 인구가 160만 명이 넘었지만, 우리나라에서는 정규 과정으로 인정하지도 않더라. 그런데 왜 이리 어려운 길을 가려고 하니?"

반면 친정엄마의 생각은 달랐다. 우리 의견을 존중해 주려고 노력하시는 모습이었다.

"엄마, 지훈이 취학통지서가 나왔는데 우리는 홈스쿨링하기로 결정했어."
"그래? 지훈이 의견도 물어봤어? 지훈이는 뭐라고 하는데?"

엄마는 우리 부부가 신중하게 결정하고 선택한 일이니 응원한다고 말했다. 학교를 경험해 보는 일도 지훈이에게 중요할지 모른다는 말, 대안학교를 선택하거나 다른 길이 있다는 말도 덧붙였다. 그러면서 홈스쿨링을 하며 생각했던 것과 다른 상황이 벌어지거나 변수가 생기면 다른 대안도 있으니 너무 조급해하지 말고 편안한 마음으로 시작하라고 했다. 부모가 힘들어하는 모습을 보이거나 고민이 많으면 의도하지 않게 그 마음이 아이들에게 전달된다고 했다. 그러니 아이들을 위해 내 마음을 돌보는 일도 잊지 말라고 당부했다.

"이왕 하기로 한 거 멋지게 한번 해 봐. 우리 딸 믿어!"

엄마는 언제나 똑같았다. 내가 선택하는 일에 무조건적인 지지를 보내 주었기에 나는 나를 믿고 무슨 일이든 할 수 있었다. 하지만 나의 선택이 늘 옳았던 것만은 아니다. 선택한 일의 결과가 뜻대로 되지 않았던 경험, 실패한 경험도 많다. 그렇지만 그 덕분에 나의 결정을 믿고 따랐을 때 비로소 책임감이 생겨난다는 것도 배울 수 있었다.

내 삶의 결정권은 나에게 있다. 세상이 만들어 놓은 기준에 나를 맞추기보다는 나다운 삶을 살기로 했다. 엄마의 얘기에 용기를 얻어 더 마음을 굳혔다. 혹시 홈스쿨링을 하다가 아이들이 학교에 대한 목마름이 생겨 학교에 가겠다고 하면 언제든지 아이의 선택을 존중해 주리라 생각했다. 무엇보다 아이의 생각을 응원해 주는 것이야말로 진정으로 아이를 위하는 일이라는 사실을 잊지 않기로 했다.

경찰서에서 나왔습니다

이른 아침부터 봄비가 내리고 있었다. 비에 젖은 풀잎에 맺힌 다이아몬드보다 예쁜 물방울을 발견했다. 모든 것이 조용하고 느리게 흐르는 생활이 마음을 평화롭게 해주었다. 우리는 제주를 떠나 경북 영천의 시골 마을에 자리를 잡았다. 문득문득 제주를 향한 그리움이 솟아올랐지만 새로운 터전에서 새로운 삶을 시작했다.

낯선 장소에서 새로운 것을 보고 느끼고 다양한 사람을 만나는 일은 사고의 폭을 넓혀 주었다. 이삿짐을 정리하고 있을 때였다. 제주도 초등학교에서 전화가 왔다. 입학식에 가지 않았지만 입학통지서를 받았다는 사실만으로 학적이 만들어졌다. 이사 사실을 미리 학교에 알렸기에 학교에서는 주소지를 영천으로 이전하며 지훈이를 전학시키는 게 어떻겠냐고 물어왔다. 전학하면 영천에 있는 초등학교의 관리를 받게 되니 여러모로 편하겠다는 생각이 들었다.

하지만 한편으로는 또 언제 어느 때 이사하게 될지 모르는 데다가 홈스쿨링을 결정한 상황에서 전학하는 건 의미가 없다고 생각했다. 그래서 매달 한 번씩 제주도에 있는 담임 선생님과 통화하며 지훈이의 상황을 알리기로 했다. 홈스쿨링이 시작되었지만 학교 생활기록부가 만들어졌다. 생활기록부에 등록할 사진을 보내기 위해서, 또 이사 직후라 위원회 참석이 어려움을 전하기 위해 선생님과 몇 차례 통화를 나누었다.

그러던 어느 날 제주도 지역번호인 '064'로 시작하는 번호로 전화가 왔다. 당연히 담임 선생님인 줄 알고 반갑게 전화를 받았다.

"여기 제주도 교육청 Wee센터입니다. 이지훈 학생 부모님 맞으시죠?"

담임 선생님이 아니라 제주도 교육청이었다. 지훈이가 홈스쿨링을 하는 이유와 커리큘럼, 그리고 건강 상태 등을 물어보더니 지훈이와 통화하고 싶다고 했다. 스피커 너머로 들려오는 담당자의 목소리는 친절했고, 아이의 관심사가 무엇인지, 이사 간 곳은 마음에 드는지 등 여러 가지를 물어보았다.

이런 전화는 처음이라 어리둥절한 지훈이는 "네", "아니오" 단답형으로 짤막하게 대화했다. 다음 달에 또 전화하겠다는 담당자의 말로 통화가 마무리되었다. 시간이 지나 자연스럽게 '정원 외 관리 대상자'가 되기를 바랐다. 그러면서 전화를 받는 횟수도 줄어들기를 기대했다.

시계로만 사용하던 핸드폰에서 벨 소리가 들렸다. 이번에는 영천 지역 내에 있는 초등학교의 학적 담당 선생님이었다. 전학했더라면 이 선생님과 연락을 주고받아야 했다. 제주도 초등학교에서 연락받았다면서 지훈이가 어떻게 지내고 있는지, 가정방문을 하고 싶다고 하셨다. 굳이 이 지역 학교로부터 가정방문을 받아야 할 이유는 없지만 약속 시간을 정하고 그날을 기다리고 있었다.

선생님이 오실 거라는 말에 아이들은 일찌감치 마당에 나가 놀고 있었고, 남편과 나는 무슨 이야기를 나누게 될지 궁금해하고 있었다. 그때 갑자기 서빈이가 현관문을 열었다. 이어서 남자 두 명과 여자 두 명이 들어왔는데 한 명은 경찰복을 입고 있었다.

"영천경찰서에서 나왔습니다."

경찰이라는 말에 가슴이 방망이질했다. 경찰의 방문에 뭔가 잘못한 일을 한 것만 같아 마음이 조심스러웠다. 자리에 앉으니 함께 온 다른 분들이 소개해 주었다. 통화한 학적 담당 선생님, 동행한 다른 선생님, 면사무소 직원이었다. 혼자 올 줄 알았는데 네 명이 등장하면서 대화가 길게 이어졌다. 주로 선생님들이 질문했고 경찰은 집안 이곳저곳을 눈으로 살펴보았다. 시간이 꽤 오래 흐른 듯했다. 교과서가 필요하면 챙겨 주겠다는 선생님의 말을 끝으로 모두 자리에서 일어섰다.

"이층 구경 한번 해도 될까요?"

처음부터 줄곧 얘기를 듣고만 있던 경찰이었다. 내부 계단이 있는 이층집이었는데, 복층에는 놀이터로 꾸민 방과 옥상 베란다가 있었다.

"우와~ 집이 너무 예뻐요. 직접 지은 건가요? 저도 복층 집 로망이 있거든요."

아이들만큼이나 환하게 웃는 미소를 보니 대화하는 동안 졸였던 마음이 스르르 녹아내렸다. 홈스쿨링을 위해 거쳐야 하는 의례적인 관문일지도 모르지만 무거웠던 짐 하나를 벗어 던진 듯 홀가분했다. 저만치 끝이 보이는 것 같았다.

아동보호 전문기관

"이지훈 학생 어머님 맞으시죠?"

이번엔 아동보호 전문기관이었고, 역시 가정방문을 원한다고 했다. 미세먼지가 없는 맑은 날, 도서관에 다녀오니 약속된 시간이 되었다. 기다리는 동안 아동보호 전문기관을 검색해 보았다. 홈페이지에는 온통 '아동 학대'라는 단어가 도배되어 있었다.

여자 두 명과 듬직한 체격의 남자 한 명이 들어왔다. 남편과 나도 함께 자리에 앉았다. 집을 드나드는 사람들이 늘어날수록 아이들도 어른들이 나누는 대화를 궁금해했고, 방해하지 않기로 약속하고 함께 자리에 앉았다.

다짜고짜 홈스쿨링에 대한 부정적인 생각을 드러내면서 아이가 성인이 되어 사회 부적응자로 살면 어떡하냐는 게 첫 질문이었다. 사회 부적응자라는 말에 마음에 가시가 돋아났다. 졸업장이 있어야 사회생활을 제대로 할 수 있다는 고정관념으로 똘똘 뭉친 말들이 쏟아져 나왔다. 그런 식으로 폭력적인 발언을 아이들에게 스스럼없이 하고 있었다. 남편과 나는 마당에서 트램펄린을 타고 오라며 아이들을 얼른 밖으로 내보냈다. 아동 학대 담당자는 홈스쿨링으로 인해 아이들이 방치된 사례, 그리고 학교가 우선되어야 한다는 말을 스스럼없이 내뱉었다.

평소라면 벌써 무슨 말이든 했을 나였지만, 지훈이와 관련된 일이라 참고 있었다. 그러잖아도 계속 말이 심하게 나오는 것 같아 기분이 언짢았는데, 옆에서 듣고만 있던 남편이 목소리를 높였다. 남편 입에서도 좋은 말이 나올 리 없었다. 그러자 듬직한 체격의 남자가 분위기를 바꾸려고 애썼다. 자녀가 학령기 전이지만 홈스쿨링에 관심이 있고, 필요하면 센터를 이용할 수 있게 해 주겠다는 등 이런저런 말을 했지만 좀처럼 분이 가라앉지 않았다.

다시는 담당자를 만나고 싶지 않았지만, 이후 매달 가정방문으로 아동보호센터의 관리를 받아야 했다. 전학시키지 않았기 때문에 가정방문 오는 일이 잦아졌고, 앵무새처럼 같은 말을 반복하며 우리 상황을 알리는 일에 지쳐 갔다. 이 때문에 학적을 옮기는 것도 생각했다. 그러나 다음 달 무례한 담당자 대신 젊은 여자 선생님이 새 담당자가 되었고, 그 이후에도 또 한 번의 새로운 담당자가 집에 찾아왔다.

"담당자가 자주 바뀌니 저희가 매번 같은 말을 하는 것 같아요."

"아, 좀 그렇죠? 저희 일이 경북 지역 내 아이들을 관리하는 건데, 지훈이 부모님처럼 전화를 받고 약속 잡는 분이 잘 안 계셔요. 전화를 안 받으면 아이의 상황을 모르니 저희가 집을 찾아가거든요. 그런 과정에서 상처가 되는 심한 말도 듣게 되고 어려움이 많아요. 그래서 오래 버티기 힘든 곳이기도 하죠."

아동보호소에서 마지막으로 가정방문을 한 날 처음 본 담당자에게 들었던 말이다. 차갑고 날 선 말을 했던 것은 아이를 학대하고 방치하는 부모인지 알아보는 방법이 아니었는지, 직업인으로서 마땅히 해야 하는 일에 서로가 서로에게 상처를 주고받았던 건 아닌지 마음이 욱신거렸다.

드디어 '정원 외 관리' 대상이 되다

"이자경 씨, 편지 왔어요."

점심 먹을 즈음, 집배원 아저씨 목소리가 들려 왔다. 초인종이 없는 집이라 대문 밖에서 큰 소리로 이름을 불렀다. 제주도 초등학교에서 온 등기였다. '드디어, 정원 외 관리 대상으로 넘어간 건가?' 하며 반가운 마음에 재빨리 등기를 펼쳐 보았다.

〈유예 승인 통지문〉
[초·중등교육법] 제14조 및 동법 시행령
28조에 의거하여 의무교육관리위원회
개최 결과 취학이 1년간 (다음 학년도 말
까지) 유예되었음을 알려드립니다.

이건 또 무슨 상황이람. 1년간 유예된다는 말에 남편과 나는 흥분했다. 유예할 거면 취학 전에도 유예 신청이 가능한데다가, 그동안 있었던 가정방문과 매달 받아야 했던 전화, 아동보호 전문기관의 방문을 생각하니 '유예'라는 말에 마음이 놓이지 않았다. 수저를 놓은 채 학교의 학적 담당 선생님에게 전화를 걸었다.

"결석이 출석 일수 3분의 1을 넘으면 정원 외 관리 대상이 되는 거 아닌가요? 왜 유예되는 건가요? 지금까지 경찰서랑 아동보호소 방문도 받았는데 유예는 뭔가요?"
"정원 외 관리를 받으려면 유예가 되어야 해요."
"저희는 분명히 '정원 외 관리' 대상이 되고 싶다고 말씀드렸는데요."
"정원 외 관리 같은 건 없습니다."
"네? 아니 이제 와서 무슨 말씀이세요? 저희가 아는 친구들은 '정원 외 관리' 대상이 되었는데 왜 저희에게 유예 통지서를 보내셨는지 도무지 이해가 안 되네요."
"저도 잘 모르겠습니다. 교육청에서 들은 이야기를 전한 건데, 내일 한 번 더 알아보고 전화드리겠습니다."

남편은 기다리지 않고 제주시 교육청으로 전화를 걸었다.

"홈스쿨링을 하는 가정입니다. '정원 외 관리' 대상이 되고 싶은데, 학교에서 '유예 승인 통지문'을 보내왔네요. 어떻게 된 건지 확인하고 싶어 전화드렸습니다."

담당자와 통화하던 남편의 얼굴이 밝아지기 시작했다. 사실을 알아보니 학교에서 보낸 서류에 '유예'라고 적힌 것은 '정원 외 관리'와 같은 의미였다. 홈스쿨링에 대한 매뉴얼이 없기 때문에 학교장이나 학적 담당이 '정원 외 관리'나 '유예'를 임의로 정하는 것이라는 대답이었다. 해가 바뀌고 새 학년이 되면 다시 유예 신청 서류를 작성해야만 유예 기간이 지속된다는 말도 덧붙였다.

한바탕 해프닝을 끝내고 나니 배가 고파 왔다.
'정원 외 관리' 대상이 되었다는 서류 한 장 받았을 뿐인데 마음이 한결 가벼워졌다.

인생은 과감한 모험이던가,

아니면 아무 것도 아니다

· 헬렌 켈러 ·

나는 홈스쿨링하는 엄마로 살기로 했다

part 2

각자의 시간으로 살아가는 아이들

자신만의 시간으로 살고 있나요?

이지훈

"어머니, 시간이 뭐예요?"

"지훈이는 시간이 뭐라고 생각해?"

"시간은 멈추지도 않고 거꾸로 흐르지도 않는 강물 같아요.
잔잔하고, 조용하게 흘러가는 멜로디 같기도 하고요.
모든 사람은 태어날 때부터
자신의 시간이 주어져 있잖아요.
강물처럼 흘러가는 시간에
멜로디를 넣어 주면
자신만의 시간으로 살아갈 수 있는 거 같아요.

그러니깐
시간은 자신의 마음속에 있는 거네요?"

아이의 권리

담장 너머로 주렁주렁 포도가 익어 가는 모습이 보였다. 10분만 걸어가면 오일장이 열리는 시장과 작은 도서관이 있었다.

"아버지, 우리 제주도에서는 사우나 자주 갔잖아요. 여기는 사우나 없어요?"
"아버지도 사우나 가고 싶어서 찾아봤는데, 우리 동네에는 사우나가 없네."
"아, 아쉽다. 아버지랑 사우나 가고 싶은데…."

물놀이를 좋아하는 지훈이는 제주도만큼이나 사우나를 그리워했다. 그리고 얼마 뒤, 집 근처에 사우나가 조용히 오픈했다. 지훈이와 사우나를 먼저 다녀온 남편이 동네 작은 목욕탕이라고 했다. 작은 시골 마을에 목욕탕이 어디냐며 서빈이와 셋째 유진이를 데리고 여자들끼리 목욕탕을 찾았다. 태어나 처음 가는 목욕탕 나들이에 신이 난 아이들은 장난감으로 바구니를 가득 채웠다.

옷을 벗고 다니는 할머니들을 보며 꽤나 놀란 아이들을 보니 웃음이 났다. 뜨끈뜨끈한 물에 몸을 담그고 묵은 때를 빡빡 밀었다. 서빈이와 유진이는 옆에 앉아 집에서 하던 인형 놀이를 계속했다.

그때 네다섯 살쯤 된 여자아이가 우리 곁으로 와서 장난감을 힐

굿힐굿 보더니 어디론가 쪼르르 달려갔다. 조금 뒤 할머니 손을 잡고 나타난 아이는 장난감을 달라며 막무가내로 떼를 쓰기 시작했다. 할머니가 서빈이에게 장난감을 빌려줄 수 있느냐고 물어봤고, 서빈이는 곤란한 표정을 지었다. 내가 다시 서빈이에게 물었다.

"장난감 안 가지고 노는 거 있으면 빌려줄 수 있을까?"
"지금은 우리가 놀고 있어서 빌려줄 수 없어요."

서빈이가 작은 목소리로 대답했다. 할머니 손을 잡고 있던 아이의 울음소리가 동굴 속 메아리처럼 큰 울림이 되어 돌아왔다. 머릿속에 둥둥 떠다니는 말들과 아이들의 의사를 존중해 주고 싶은 마음이 밀물과 썰물처럼 오갔다. 울음소리에 몇 번 힐끗 바라보기는 했지만, 아이들은 이내 인형 놀이 삼매경이다. 시간이 얼마나 지났을까? 서빈이랑 유진이가 장난감 몇 개를 들고 서 있었다.

"어머니, 이 장난감 아까 그 아이한테 빌려주고 싶어요."
"빌려줄 수 있어? 이제 다 놀았어?"
"네. 우리는 이거 두 개만 있으면 될 것 같아요."
"그럼 서빈이랑 유진이가 가서 빌려주고 올래? 어머니가 가는 것보다 서빈이가 직접 빌려주면 더 좋아할 것 같은데."

작은 목욕 바가지에 장난감을 가득 안고 간 아이들이 해맑게 웃으며 되돌아왔다.

"장난감 빌려주니까 기분이 어때?"

"기분 좋아요. 아까는 우리끼리만 가지고 놀고 싶었는데 우리는 집에 가서 또 놀 수 있으니깐 빌려주고 싶었어요. 그 아이는 조금밖에 못 놀잖아요."

"아~ 그랬구나. 서빈이가 다른 사람 생각하는 모습을 보니 어머니 마음이 뿌듯하고 기분이 좋아지네."

"어머니도요?"

"응."

얼마 뒤 여자아이가 장난감을 가지고 할머니와 함께 우리를 찾아왔다. 그러고는 짜 먹는 딸기 맛 요구르트 두 개를 아이들에게 쓱 내밀었다. 처음 보는 간식에 웃음이 넘쳤다.

"장난감 빌려줘서 고마워."

양보하고 싶지 않은데도 부모의 강요 때문에 물건을 빌려주는 건 어떤 면에서 상대를 배려하는 태도일 수 있다. 하지만 상대를 배려하느라 자기 자신을 배려하지 못하게 되는 경우가 많다. 아이가 신중하게 선택했다면 그것을 인정해 주는 것도 부모의 역할이라고 생각한다. 어른의 기준으로 배려와 양보를 요구하고 그렇게 하지 않으면 자기중심적인 사람이 된다며 아이를 꾸짖으면, 자기 의견을 존중받지 못한 아이는 강요에 의해 억지로 양보한 뒤 상처를 입게 된다. 아이의 마음이 충분히 준비될 때까지 기다려 주면 비로소 타인의 상황과 감정을 이해하고 공감하는 능력이 길러진다는 사실을 몸소 체험하는 사건이었다.

서빈이가 장난감을 빌려주지 않겠다고 말했을 때 '양보하고 빌려주면 좋을 것 같다'라고 말하지 않았던 건 서빈이를 위한 일이기도 했지만 내가 기다림을 실천하는 순간이기도 했다. 언제 다른 아이에게 양보할 것인지 결정하는 건 오로지 서빈이의 몫이니까.

홈스쿨링을 하며 아이들과 함께 있는 시간이 늘었다. 그러다 보니 자연스럽게 나의 어린 시절을 되돌아보며 아이들 입장에서 한 번 더 생각해 보는 여유가 생겼다. 장난감을 충분히 경험할 서빈이의 권리를 보호해 주고, 또 장난감을 빌려주기로 스스로 결정하기까지 기다릴 줄 아는 부모가 되어야겠다고 마음먹었다.

"진짜 기분 좋다. 장난감 빌려줬는데 간식도 먹고 좋은 일이 생기네. 다음에 또 빌려줘야지."

달콤한 딸기 향이 입 안 가득 몽글몽글 퍼져 갔다.

자기의 날

"서빈아~ 오늘 어머니랑 데이트하는 날인데 뭐 맛있는 거 먹으러 갈까?"

"와플 먹고 싶어요."

와플이 먹고 싶다는 말에 '와플 맛집'을 검색했다. 걸어서 멀지 않은 곳에 와플로 유명한 카페가 있었다.

"서빈아~ 우리 동네에 와플 가게가 있네! 여기 어때?"

"여기 마음에 들어요. 어머니, 빨리 가요."

막힘이 없는 큰 창 쪽에 있는 좌식 테이블에 자리를 잡았다. 서빈이는 집에서 나올 때부터 싱글벙글하며 입을 다물지 못했다. 제주도를 떠올리며 한라봉 주스도 시켰다. 제주도에서는 옆집과 이웃집에서 한라봉을 줘서 원 없이 먹었는데, 영천 카페에서 마시는 주스는 어쩐지 나를 여행자로 만들어 주는 것 같았다.

오늘은 둘째 서빈이가 태어났을 때 만들어진 '자기의 날'이다. 엄마, 아빠의 관심과 사랑을 독차지하던 지훈이에게 동생이 태어났지만 변함없이 사랑한다는 마음을 전달해 주기 위해 만든 날이다. 함께 집에 있는 시간만으로도 충분하다고 생각했지만, 행여라도 지훈이가 동생이 생겨 섭섭함을 느끼지 않도록 엄마를 충분히 느낄 수 있는 시간을 마련해 주기로 한 것이다. 처음에는 지훈이를 위해 만든 날이지만 지금은 모든 아이와 함께 '자기의 날'을 보내고 있다. 그렇게 만들어진 '자기의 날'에는 아이와 함께 영화관을 찾았고, 평소에 먹고 싶던 것, 가고 싶던 곳에 가며 둘만의 시간을 가졌다.

서로 엄마의 손길이 필요한 아이들이지만 온 가족이 함께 있을 때는 아무래도 원하는 만큼 시간을 내어주기가 쉽지 않다. 그래서 데이트 시간만큼은 오직 데이트하는 아이를 위해 눈을 맞추며 이야기를 들어준다. 집에 있을 때는 서로 이야기하며 엄마의 관심을 받으려고 하지만 단둘이 시간을 보낼 때는 편안함과 여유가 넘친다. 아이들을 위해 마련한 시간이었지만 한 끼 밥상을 해결한다는 홀가분함에 어느새 나도 아이들처럼 데이트 시간을 기다리고 있었다.

내가 서빈이와 시간을 보내는 동안 남편은 지훈이와 함께 남자들만의 시간을 보냈다. 공놀이도 하고, 종이접기도 하고, 사우나도 다녀왔다. 셋째와 넷째가 태어난 지금도 한 달에 한 번 엄마, 아빠와 데이트하는 '자기의 날'을 유지하고 있다. 변한 게 있다면 엄마와 함께 첫째가, 그다음 달에는 아빠와 함께 둘째가, 세 번째 달에는 엄마와 셋째, 네 번째 달에는 첫째가 아빠와 함께하며 나도 남편도 두 달에 한 번씩 모처럼 밖에서 아이들과 시간을 갖는다.

'자기의 날'만 되면 주인공인 아이는 며칠 전부터 들뜨고, 나머지 아이들은 "안 가면 안 돼?", "같이 놀자"라며 외출하는 아이를 유혹한다. 그렇지만 '자기의 날' 주인공인 아이는 뒤도 안 돌아보고 엄마, 아빠 손을 잡고 떠난다. 그리고 남은 아이들은 잠깐 시무룩해하다가 돌아올 자기의 날을 기다리며 할 일을 하며 보낸다. 서빈이랑 노는 시간을 좋아하는 유진이는 아직도 서빈이가 데이트하러 나가면 울음을 터뜨린다.

부모와 보내는 좋은 시간으로 마음이 가득 채워진 아이들은 돌아올 때 형제들을 위해 선물을 준비해 오기도 한다. 디저트로 나온 요구르트 한 개, 빵을 좋아하는 형제들을 위해 반쯤 남긴 샌드위치를 챙겨오기도 한다. 시키지도 않았는데 지훈이, 서빈이, 유진이 모두 그렇게 남은 가족들을 챙긴다.

"어머니, 어머니랑 데이트하는 시간은 함께 맛있는 거 먹어서 좋고, 즐거워요. 그런데 빨리 집에 가서 유진이랑 놀고 싶어요. 유진이랑 모래놀이하고 있었는데 내가 나와서 유진이가 또 울고 있을 것 같아 걱정돼요. 이제 집에 가요."

아이들과 '자기의 날'을 보내며 깨달았다. 아이들은 부모로부터 충분한 사랑과 보살핌을 받고 있다고 느끼면 그다음엔 자신이 받은 사랑을 나누어 준다는 것을. 어리다고만 생각했는데 서로를 챙기는 아이들을 볼 때면 나는 자주 감동한다.

홈스쿨링이라는 선택을 하지 않았다면 아마 경험하지 못했을 것이다.

작은 방의 비밀

"작은 방에 들어가서 생각하고 있어!"

유진이가 작은 방에 들어가고 1~2분쯤 지나면 방문을 열고 내가
들어간다. 이는 화가 나서 즉흥적으로 떠오르는 건설적이지 못한
말들을 내지르는 것을 방지하기 위한 방법이기도 하다. 아이들 사
이에는 하루에도 몇 번이고 자잘한 다툼이 일어나는데 그럴 때마
다 아이들은 작은 방으로 들어가야 한다.

결혼하기 전 한 TV 프로그램에서 어린 형제가 지우개 하나 서로
가지겠다고 하다가 주먹 다툼이 일어났다. 그때 나온 육아 박사는
해결책으로 형제를 각자 다른 방으로 들어가게 한 뒤 그곳에서 아
이들의 마음속 이야기를 들으며 공감해 주었다. 이후 방에서 나
온 아이들은 장난감을 서로 양보하며 사이좋게 지내는 모습을 보
였는데, 혹시라도 설정은 아니었는지 궁금했다. 그래서 아이를 낳
으면 나도 해 봐야지 생각하다가 실제 상황에서 확인해 보았다.

결론부터 말하면, 정말 효과가 있었다. 아이는 자기 마음을 솔직
하게 표현할 수 있었고, 엄마가 공감해 주는 것만으로도 억울한
마음이 풀리는 모습이었다. 대화를 나누는 동안 아이는 스스로
해결책을 찾거나 감정을 밖으로 모두 쏟아 내었다.

"네가 진짜 속상하고 화났겠다."
"어머니라도 그런 상황에서는 화났을 거 같아."

어리지만 자기 생각이 있기에 자신의 편에서 이야기해 주면 금세 마음이 풀리고 눈물을 흘리는 아이들이다. 한결 마음이 차분해지고 나면 잊지 않고 한마디를 덧붙인다.
"화가 나고 속상할 수도 있어. 하지만 다른 사람을 헤치거나 자신을 다치게 해서는 안 돼!"

나는 아이들의 모든 것을 내 일처럼 생각했다. 하지만 아이의 감정으로 들어갈 필요 없이 평범한 방법으로 접근해야 한다는 사실을 깨달았다. 형제간의 다툼은 정상적인 과정이고 심지어 건강한 것이라고 전문가들은 말하지만, 이론이랑 현실은 다르기에 해결책을 서서히 알아 가는 중이다.

"어머니, 지금 시간 있어요? 작은 방에 들어가서 이야기 좀 해요."

서빈이가 나를 작은 방으로 부른다. 아이들이 먼저 작은 방으로 부르는 이유는 딱 한 가지다. 나와 이야기를 나누고 싶다는 신호다. 코로나19로 인해 데이트 시간이 조금씩 미뤄질 때 만든 우리만의 규칙이기도 하다.

아이들은 나와 단둘이 나누고 싶은 이야기가 있거나, 내 품이 필요할 때는 언제든지 '작은 방' 카드를 꺼내 든다. 방에 들어서니 서빈이가 안아 달라는 자세를 했다. 갑자기 왜 그러는지 이유가 궁금하지만 아무것도 묻지 않고 안아 주었다.

"어머니, 내가 어릴 때 어머니랑 외할머니랑 여자끼리만 여행 갔잖아요. 또 그렇게 여행 가면 안 돼요? 어머니 생일쯤에 벚꽃 피니깐 그때 여행 가서 할머니한테 말하고 싶은 게 있어요."
"무슨 말인데?"
"할머니가 있어서 어머니도 태어났잖아요. 그래서 할머니한테 어머니 태어나게 해 줘서 고맙다고 말하고 싶어요. 다시 태어나도 어머니 딸, 할머니 손녀로 태어나고 싶어요."

별생각 없이 들어왔다가 이번엔 내가 눈물을 쏟아 냈다.

스스로 살아가는 힘

스무 살 때 일본에서 유학 생활을 했다. 학창 시절에 수련회와 수학여행을 제외하면 부모님과 떨어져 지낸 경험이 없던 나였는데, 유학으로 혼자만의 생활이 시작된 것이다.

유학 생활의 첫 고비는 예상보다 빨리 찾아왔다. 그 일은 언어 장벽도 학교생활도 아니었다. 세탁기 조작 방법이었다. 한자나 일본어는 읽을 줄 알았지만, 전원 버튼 외에 어떤 버튼을 눌러야 하는지 도무지 알 수 없었다.

"어차피 결혼하면 다 하니깐 하지 마라. 내가 할게."

엄마는 늘 빨래를 해 주셨다. 그러다 보니 한 번도 배워야겠다는 생각을 한 적 없었고, 엄마 말처럼 당연히 결혼하면 할 수 있는 일이라 생각했다. 그런데 세탁기 앞에서 생명이 끊어진 고목나무처럼 꼼짝없이 서 있을 뿐이었다. 속상하고 비참했다. 스무 살이나 되었는데 세탁기 작동법도 모르다니. 여태껏 집안일을 시키지 않은 엄마에 대한 감사함보다 엄마에 대한 원망과 배우려고 노력하지 않았던 나에 대한 자책감에 오랫동안 화가 났다.

'나는 이렇게 자랐지만 결혼해서 아이를 낳으면 아이들과 집안일을 함께 해야겠어.'

그 일로 먼 훗날의 모습을 그리며 다짐했다. 일상에 필요한 지식은 생활 속에서 그리고 가정에서 배울 수 있다는 것을 알게 되었기 때문이다. 학교에서는 가르쳐 주지도 않고, 배울 수도 없었다.

첫째 지훈이가 여덟 살이 되던 해에 넷째를 임신했다. 배가 점점 불러오자 혼자서 모든 집안일을 해내는 것이 점점 힘에 부쳤다. 이 시기가 집안일을 알려 줄 적기라 생각했고, 아이들과 집안일을 분업했다.

'아이들이 잘할 수 있을까?'
'제대로 못 하면 내가 다시 해야 하는데, 괜히 시간만 낭비하는 거 아닐까?'

아이들이 집안일을 해야 한다고 생각하면서도 시키는 과정을 싫어하는 마음부터 극복하기로 했다. 아이들에게 맡기면 준비하는 시간도 오래 걸리고, 어떻게 해야 할지 몰라 이것저것 질문하는 통에 혼자서 해치우는 편이 훨씬 쉽다. 하지만 아이들이 원할 때 그저 옆에서 말없이 도와주는 도우미의 역할을 맡기로 했다.

아이 나이에 걸맞은 책임을 부여하고, 아이가 잘 해내리라는 마음을 심는 것은 나중에 성인으로서 갖추게 될 능력까지 존중하는 것이기도 했다. 설거지와 요리, 세탁, 쓰레기 분리수거와 버리기 등은 내가 할 때는 집안일이지만 아이들에게는 생존 기술이 된다.

아이들은 생각보다 즐겁게 집안일을 돕기 시작했다. 무거운 쓰레기를 버리는 일은 지훈이와 남편이 전담했고, 가족들이 다 들어오고 난 뒤 현관의 신발을 정리하는 일은 셋째 유진이가 하기로 했다. 서빈이는 밥상을 차리고 정리하는 일을 돕고, 자신이 사용한 그릇을 싱크대에 정리하는 것까지 알려 주었다. 세탁 분류법과 세탁기 사용법은 모두에게 알려 주었기에 부탁만 하면 누구든 빨래를 돌려 주었다.

누구든 도움을 청하면 집안일을 도와주는 모습이 대견하기도 하고 고맙기도 했다. 집안일을 돕기 시작하면서 아이들의 생각도 변해 갔다. 집이 제대로 굴러가도록 온 가족이 협력하는 법을 배워야 하고, 무엇이든 해야 할 일이 있으면 기꺼이 도와야 한다고 생각하는 것 같았다. 정기적인 집안일은 아이들을 더욱 책임감 있게 만들어 주었다.

"쓰레기 버려 주고 밥상 차리는 것 함께 해 줘서 어머니가 쉴 시간이 생겼네. 도와줘서 고마워."

가족의 일원으로서 자신의 역할이 중요하다는 메시지를 계속해서 전달하는 것과 더불어 고맙다는 인사도 잊지 않는다. 집안일을 많이 돕는 아이일수록 책임감뿐 아니라 스스로 자부심을 느끼고 부모와의 유대감도 깊어진다. 그 유대감이 타인과 관계를 맺거나 단체 생활을 하는 데 큰 도움이 되리라는 것을 나는 의심하지 않는다.

지금도 설거지하는 법, 빗자루 청소하는 법, 채소 다듬는 법 등의 생활 기술을 틈틈이 아이들에게 알려 주고 있다. 공부보다, 좋은 대학에 가는 것보다 중요한 것은 '스스로 살아가는 힘'이니까.

TV가 없는데 왜 부끄러워요?

"어머니 학교 다닐 때 이야기해 주세요. 기억에 남는 일 없어요?"
"기억에 남는 일 많지. 초등학교 1학년 때 말이야."
"빨리 앉아. 어머니 이야기 시작된다. 빨리! 빨리!"

아이들이 학교생활을 궁금해하며 물어볼 때가 있다. 학교가 낯선
아이들이지만 학교에서 일어나는 일을 알 수 있도록 나의 추억 보
따리를 하나씩 풀어내곤 한다.

"어머니가 초등학교 1학년 때였어. 할아버지 선생님이 담임 선생
님이셨는데, 갑자기 들어와서 눈을 감으래. 가정 조사한다고. 아
빠 없는 사람? 엄마 없는 사람? 집에 TV 없는 사람? 어머니가 아
주 조용하게 손을 들었다가 내렸어. 그리고 수업 마치고 집으로 돌
아가는데 친구들이 달려오더라고. 그러더니 '자경아, 집에 TV 없
어? 너만 손들었던데?'라고 말하는 거야."
"친구들이 눈 뜨고 있었나 봐요?"
"아마 그랬나 봐. 뭐라고 대답했는지 기억은 안 나지만 너무 부끄
러워서 집에 뛰어갔어."

나는 마치 여덟 살로 되돌아간 듯 이야기 속으로 빠져들었다. 아
이들은 귀를 쫑긋 세우고 다음 이야기를 기다리고 있었다. 온통
TV 생각뿐이었던 그날, 집에 들어서자 나무 장식장 안에 TV가 있

어 당황했던 사연을 들려주었다. TV를 본 기억이 없으니 기억에 남는 만화는 없지만, 지금 아이들과 함께 TV를 보며 동심으로 돌아간다.

"어머니, 그런데 TV 없는 게 왜 부끄러웠어요? 부끄러운 일 아니잖아요."
"다른 친구들 집에는 TV가 있는데 우리 집에만 없었거든."
"다른 사람들이 가지고 있다고 어머니도 갖고 있어야 하는 건 아니잖아요. 다른 사람의 삶이 있고, 어머니는 어머니의 삶이 있는데 TV 없다고 부끄러워할 일은 아닌 거 같아요."

아이들의 말에 내가 살아온 지난 시간을 되돌아보았다. 어떤 선택을 하든 늘 주변 사람들과 똑같아야만 마음이 편했던 내 모습이 떠올랐다. 획일성의 문제는 어릴 적 나의 경험 외에도 사회 곳곳에서 다양한 모습으로 발견된다. 유행하는 브랜드의 옷을 입은 학생들, 하나쯤 가지고 있어야 유행에서 뒤떨어지지 않는다며 비싼 가격을 주고 명품 가방을 사는 여성들. 나도 그중 하나였다. 집단생활 속에서 배우는 삶의 모습은 한 가지일 수밖에 없다.

하지만 아이들은 획일적으로 살아온 나와 달랐다. 아이들은 타인과 다른 것에 대해 부끄러워하지 않았다. 많지 않은 나이지만 아이들이 나보다 훨씬 더 성숙한 생각으로 삶을 살아가고 있다는 사실이 새삼 놀라웠다. 아이들에게 삶의 자유를 스스로 선택할 힘이 있다는 것이 느껴졌다. 개성 가득한 아이들이 고유한 자신만의 길을 찾을 수 있다는 희망을 보게 된 날이다.

형, 누나가 없는 우리는 모두 다 친구

"로운이는 유진이가 만만한가 보네. 누나라고 안 부르고 왜 이름을 부르니?"

홈스쿨링 이후 두 번째 관문이다. 우리 집에서는 아이들이 '언니', '오빠'라는 호칭 대신 이름을 부르는데 아이들이 노는 모습을 보고 어머니가 말을 꺼내셨다. 태어나면서부터 호칭을 쓰지 않았던 건 아니었다. 말을 하기 시작한 셋째 유진이가 지훈이, 서빈이와 함께 놀던 어느 날이었다.

"언니가 자기가 나이가 많다고 인형 다 가진대요."

유진이가 울먹이는 얼굴로 말을 걸어 온 게 시작이었다. 그 모습에 어릴 적 나의 모습을 되돌아보았다. 나에게는 두 살 터울 오빠가 있다.

"내가 오빠니깐 이거 할 거야. 자경이 너는 다른 거 가져."

억울했다. 동생으로 태어나고 싶어서 태어난 것도 아닌데 먼저 태어났다고 오빠 마음대로 규칙을 정했다. 게다가 형제간에 다툼이 생겼을 때 부모님은 해결사가 되어주지 못했다.

"오빠가 돼서 동생한테 그렇게 하면 안 돼!"
"자경이 너는 동생인데 오빠 거 뺏으면 안 돼!"

싸움의 본질을 이야기하는 것이 아니었기에 어린 나의 마음에 물음표만 가득 채워졌다.

'오빠라서?'
'동생이라서 왜?'

자꾸만 떠오르는 마음속 질문은 오히려 오빠와 나의 사이를 방해하곤 했다. 싸움이 일어나면 보통 나이가 많거나 힘이 센 아이에게 암묵적으로 유리한 결과가 나타났다. 그때마다 나는 나이도 어리고 동생이라서 억울했다. 한편, 오빠는 남자와 장남이라는 이름으로 짊어져야 할 것을 암묵적으로 세뇌당했던 것은 아닐까? 그런 생각을 하며 지난 시간을 되돌아보았다.

"너는 몇 살이야?"
"나 다섯 살."
"나는 일곱 살이야. 나한테 형이라고 불러."

아이들과 함께 있던 놀이터에서 의식 없이 물어보던 나의 행동을 아이들이 따라 하고 있었다. 내 모습을 본 아이들은 어디를 가든 가장 먼저 나이를 물어보았다. 놀이하는 데 나이는 전혀 상관없는 일이었지만, 아이들은 내 모습을 거울처럼 흉내 내곤 했다. 사회관계의 불평등함은 호칭에 그대로 반영되고, 이는 권위주의와 차별의 씨앗이 되기도 한다. 나이, 직급과 상관없이 상대방의 이름을 부르는 회사가 늘어나고 있다는 뉴스를 보았다. 수평적인 조직 생활을 하는 어른들은 그런 모습을 바라보며 '우리 회사도 바뀌어야 하는데'라는 마음을 가지지만, 정작 사회의 기초가 되는 가정에서는 수직적이고 보수적인 관념에서 벗어나지 못하는 느낌이었다.

그래서 우리는 아이 한 명 한 명을 존중한다는 의미에서 호칭 대신 이름을 부르기로 했다. 이 또한 아이들과 함께 가족회의를 한 결과다. 아이들의 생각이 변하고, 호칭에서 벗어나는 데 2년이라는 시간이 걸렸다. 사고방식은 알게 모르게 변하며, 주어진 상황을 어떻게 받아들이고 해석하느냐에 따라 완전히 다르게 인식된다.

"아이고야, 나중에 결혼해서 이름 부르면 어떻게 하니?"

비록 지금의 모습을 두고 우리를 이해하지 못하는 사람들이 있지만 개의치 않는다. 아이들이 사회생활을 하고 결혼할 때는 그 상황에 맞게 규칙도 변할 수 있다고 생각하기 때문이다. 호칭이 사라지고 아이들은 이름을 부르며 모두 수평적인 관계라는 것을 자연스럽게 여기게 된 덕분이다.

최고의 교사는 자연

"미세먼지 상태 좋음! 얘들아, 태양의 선물(비타민 D) 받으러 가자."

낮 기온이 높지만 바람도 시원하고 미세먼지 상태도 줄곧 좋음이다. 요즘 일상은 아침 먹고, 동네 한 바퀴, 점심 먹고 동네 한 바퀴, 저녁 먹고 동네를 한 바퀴. 밤낮없이 동네를 돌다 보니 들어오면 밥하기 바쁘고 빨래하고 또 나가고 들어오면 밥하고, 그야말로 도돌이표다. 날씨가 화창하면 내가 먼저 나가자고 하니 아이들도 나를 닮아 문지방 닳듯이 들락날락한다. 밖에 나갔다 하면 곤충을 한 마리씩 잡아 와 로운이에게 보여 준다.

"로운아 처음 보지? 이건 참개구리야. 뒷다리가 길지?"
"로운아~ 이건 아기 메뚜기야. 어때? 멋있지? 날개도 있어."

지렁이, 물방개, 장구애비, 이름 모를 곤충들을 잡아다가 로운이에게 보여 준다. 여전히 곤충을 두려워하는 엄마지만 아이들은 나를 닮지 않아 참 다행이다. 나는 아이들이 개구리를 잡고, 동물과 교감하고, 나무와 돌을 만지며 오감으로 자연을 느끼는 것이 좋다. 이런 환경이 아이들을 건강하게 키우는 자양분이라고 믿기 때문이다.

"어머니, 아버지 여기 와 보세요. 강에 새가 빠져 죽었어요."

남편이 달려가 확인해 보니 토종닭 한 마리가 강에 빠져 죽어 있었다.

"어머니, 아버지 빨리 와 보세요. 빨리요."

대답만 하고 느릿느릿 걸어가니 지훈이가 먼저 달려온다.

"어머니가 좋아하는 후투티예요. 그런데 죽었어요. 아기 후투티 같은데 날개랑 몸만 있고 얼굴이 없는데 짐승한테 잡아먹힌 거 아닐까요?"

"어디 어디? 나도 가서 볼래."

또 나를 찾는 아이들에게 달려가 보니 이번에는 쥐가 죽어 있다. 아이들은 막대기로 툭툭 쳐 보며 죽은 생쥐를 관찰했다. 로운이 손바닥만큼이나 작고, 유난히 앞니 두 개가 긴 걸 보니 땃쥐 같아 보인다고 했다. 그리고는 쥐가 앞니로 뭔가 긁어먹다가 죽은 것 같다며 제법 형사 같은 모습을 보인다. 호기심 가득한 아이들은 죽은 동물을 한참 동안 관찰한다. 아이들에겐 이 모든 것이 신기하고 궁금하다.

집으로 들어와 조류백과를 들춰 보며 강에서 만난 후투티를 찾아보고 그림을 따라 그려 보기도 했다. 그렇게 하루를 보낸 뒤 불을 끄고 잠자리에 누웠다.

"찌르르르~ 찌르르."

어디선가 풀벌레 소리가 들려왔다. 방에 귀뚜라미가 들어왔나 싶어 여기저기 찾아봤지만 어디에도 없었다. 창문을 통해 들려오는 소리인 듯했다. 귀뚜라미 소리에 뒤척이던 서빈이가 말을 꺼냈다.

"귀뚜라미야, 우리가 잠들 때까지 노래 불러 줘. 알았지?"
"어머니, 부산에서 아파트에 살 때는 귀뚜라미 소리 들은 적 없는데, 시골에 살고 자연이 가까이에 있으니깐 좋아요. 어머니는 어때요?"
"어머니도 귀뚜라미 소리 들으니깐 마음이 편안해지네."
"어머니, 아파트를 지으면 귀뚜라미가 살 곳도 없고 곤충이 살 곳도 사라지잖아요. 그러면 귀뚜라미 소리도 못 듣는데 왜 자꾸 아파트를 지어요?"

누구는 아이들이 어릴 때부터 영어에 노출시켜야 영어를 잘하게 된다며 영어를 들려주라고 한다. 또 어떤 이는 아이들의 정서 발달에는 클래식이 좋다며 배 속에 있을 때부터 클래식 음악을 들려주어야 한다고 한다. 그렇지만 우리가 무엇보다 가까이하고 자주 들어야 할 소리는 자연이 들려주는 소리다. 바람 소리, 빗소리, 풀벌레 소리, 곤충들이 주고받는 이야기 소리가 먼저라고 생각한다.

그래서 아이들이 다른 생물과 우정을 나누고, 다른 생물들을 삶의 본보기로 삼을 수 있도록 돕는 것을 목표로 삼고 있다. 자연에서 마음껏 뛰어놀면서 어린 시절을 보내면 자연에 대한 경외심과 사랑을 잃지 않을 거라고 확신한다.

자연은 최고의 교사다.

무지개색 마음

지훈이의 학적은 여전히 제주도이고 우리는 육지에 살고 있다. 1학년이었던 그해 경찰과 읍사무소 직원이 방문했고, 지역 초등학교 선생님들과 아동보호소에서 매달 가정방문을 왔다. 게다가 제주도 교육청과 초등학교 담임 선생님이 3월부터 학기가 끝나는 다음 해 2월까지 전화 통화를 주고받았다. 전학이라는 간단한 절차만 밟았으면 의무교육위원회와 서류 제출로 끝났을 일이다. 그러나 우리 부부는 고집스럽게 전학시키지 않았기 때문에 매달 가정방문과 확인 전화를 받았다. 어쨌든 1년 동안 지훈이는 한 번도 만나보지 못한 담임 신생님과 매달 전화 통화를 했다.

"지훈이는 요즘 어떤 것에 관심이 있어?"
"동생은 몇 명이야?"
"영천 날씨는 어때?"
처음에는 선생님과의 통화에 수줍어하던 지훈이도 두서너 달이 지나자 말문을 열기 시작했다.

"아버지가 서점을 개업했어요. 그런데 장사가 안 돼요."
"어머니가 동생을 낳았는데 이름은 로운이에요."
이모저모 우리 집 상황을 보고하기도 했다.

"선생님은 요즘 어떤 책을 읽으세요?"

"『자유론』읽어 봤어요?"
"사람들은 왜 책을 안 읽어요?"

아주 가끔 지훈이의 질문이 선생님을 당황스럽게 만들기도 했다.
그리고 그해 2월을 마지막으로 담임 선생님과의 전화 통화가 끝났
다. 다음 해부터는 1년 동안 어떤 활동을 했는지 학교에 간단히 공
유했고, 절차는 간소화되었다.

그렇게 학교와의 관계가 잊혀가고 있을 때 우리 가족은 제주도 여
행을 가게 되었다. 예전에 살던 집에 어떤 사람이 지내고 있는지
궁금하고, 친손자처럼 아이들을 예뻐해 주시던 옆집 할아버지가
보고 싶다는 아이들의 말에 그때 그 시절로 돌아가 동네 주변을
여행하기로 했다.

"어머니, 여행 가면 통화하던 선생님 만날 수 있어요?"

매달 통화하던 선생님의 안부가 궁금했는지 제주도 여행을 계획
하며 지훈이가 먼저 선생님을 만나고 싶다고 했다. 지훈이의 장난
섞인 전화도 잘 받아주시고, 우리의 홈스쿨링으로 늘어난 업무에
늘 마음이 쓰였던 만큼 이번 기회에 감사 인사를 전하고 싶다는
마음이 들었다. 조심스레 문자를 드리니 흔쾌히 출근 전 교문 앞
에서 만나자고 하셨다.

"선생님 만나면 사진 꼭 찍어와."

전화기 스피커로 선생님과 가끔 통화하던 서빈이와 유진이도 자기 일처럼 들떠 있었다.

"안녕하세요. 지훈아~ 안녕."

밝게 웃으며 반겨 주시는 선생님을 보자 지훈이는 꽈배기처럼 몸을 꼬며 인사를 나누었다. 잊지 않고 기억해 줘서 너무 감사하다는 선생님과 그 앞에서 빙그레 웃기만 하던 지훈이의 모습이 아직도 생생하다.

"어머니, 선생님 만나니깐 마음이 무지개색이 되었어요."

우리는 아이들에게 학교생활을 원한다면 언제든 선생님과 함께 공부할 수 있다고 이야기해 두었다. 친구들과의 추억, 시험 전 벼락치기, 도시락을 나눠 먹었던 이야기, 학교에 대한 에피소드를 풀어내며 아이들에게 학교가 어떤 곳인지 알려 주기도 한다.

홈스쿨링을 한다는 이유로 아이들이 선생님과 학교에 등을 돌리지 않도록 언제든지 학교를 선택할 가능성을 열어 두고 학교와 관계를 만들어 가는 중이다. 아주 잠깐의 만남이 아쉬웠지만 선생님과 더 좋은 인연으로 만날 수 있기를 바란다.

머리 기른 남자는 없어요?

"킁킁, 냄새가 좋은데요."

배고픈 하이에나처럼 지훈이가 어슬렁거리며 나타났다. 달군 프라이팬에 기름을 둘러 파와 다진 마늘을 볶아 낸다. 볶은 마늘 향이 집안 곳곳에 퍼져나간다. 채 썬 양파와 버섯을 넣고 휘리릭 볶는 건 서빈이 몫이다. 그때그때 밥을 해 먹느라 식사 준비 시간이 분주하지만, 요즘은 서빈와 함께 부엌일을 하고 있다. 의자를 밟고 올라서서 버섯을 볶는 손이 야무지다.

'나는 일곱 살 때 뭐 했더라?'

반찬 서너 가지 만들어 아침을 먹고 지훈이의 주도하에 온 가족이 둘러앉았다. 지훈이가 접은 종이 팽이를 하나씩 나눠 가지고 팽이 대결을 시작했다. 누가 누가 팽이를 오래 돌리는지 대결해야 하는데 나는 팽이를 잘못 골라서 맨 처음 탈락했다. 언제나 지훈이가 우리 집 이벤트를 기획하는데 늘 새롭고 재미있다. 아이들과 마당에서 모래놀이를 한 후 장을 보러 갔다. 남편이 먼저 계산하고 입구 쪽으로 나와 기다렸다. 그 사이 지훈이가 화장실에 다녀왔다.

"아이고~ 얘가 화장실 들어가는데 내가 거기 들어가지 말라고 소리를 쳐서, 안 놀랬나? 할매가 미안하다. 나는 네가 남잔 줄 몰랐다."

어깨 밑으로 내려오는 긴 머리를 묶은 지훈이를 여자아이로 착각한 할머니는 다급하게 소리치며 지훈이를 부르더니 사과하셨다.

"어머니, 이제 공중화장실에 못 가겠어요. 지난번에는 화장실에서 나오는데 어떤 아저씨가 들어오다가 절 보더니 놀라면서 후다닥 나갔어요. 여자 화장실에 잘못 들어온 줄 알았나 봐요."
"그래? 지훈이는 머리가 길어서 곤란할 때가 있구나? 머리 기르는 거 어때?"
"머리 기르는 건 좋아요."
"그래. 그럼 할머니가 큰 소리로 말할 때 지훈이 마음은 어땠어?"
"사람들이 머리 긴 남자도 있다는 걸 알면 좋겠어요. 오해하는 건 싫지만 그래도 머리카락 길러서 아픈 아이들에게 선물해 줄 거예요."
"사람들이 오해할 때도 있지만 지훈이 마음이 잘 전해져서 선물을 받는 친구에게 큰 기쁨이 되면 좋겠어. 어머니는 지훈이가 너무 자랑스러워."

남자아이가 머리를 기르는 것, 학교에 가지 않고 홈스쿨링을 하는 것, 엄마라고 부르는 대신 어머니라고 부르는 것, 모든 것이 일반적이지 않다. 하지만 특별할 이유도 없고 일반적일 이유도 없다. 삶은 한 가지 모습만 있는 것이 아니다. 다양한 선택지에서 자신만의 주관으로 살아가는 것은 일생을 건강하고 행복하게 살아가는 기술이라고 생각한다. 이것은 자존감을 높이는 한 방법이기도 하다. 자존감은 아이들이 스스로 만들어가기보다는 어릴 때 부모가 옆에서 지지해 주고 응원해 주는 마음에서 비롯된다고 생각한다.

"지훈아. 근데 지훈이 진짜 여자 같다. 나도 빡빡 머리해서 여자 화장실에 들어가면 할머니들이 소리치겠지? '여기 남자 화장실 아니야' 하면서. 아~ 나도 머리 빡빡 깎고 싶다."

서빈이의 엉뚱함이 지훈이의 마음을 사르르 녹여 주었다.

최고의 동기부여

세 살배기 로운이가 내 옆에 누워 중장비 그림책을 보는 동안, 서빈이와 유진이는 거실 책상에 앉아 체스를 두고 있다. 나는 굴착기, 불도저, 로드롤러 등 로운이가 마음에 들어 하는 중장비 사진을 넣어 둔 파일을 가져오고, 도서관에서 빌린 공사장 관련 책들을 넘기며 시간을 보내고 있다. 체스가 끝나고, 아이들과 점심으로 먹을 오이를 손질하는데 서빈이와 유진이가 과도를 하나씩 들고 제법 능숙한 솜씨로 오이를 자른다.

그 순간, 텃밭에서 한 시간 동안 뛰어놀던 지훈이가 벌컥 현관문을 열더니 문밖에서 신선한 공기를 몰고 뛰어 들어온다. 손바닥에 있는 조그만 도마뱀을 내밀면서 흥분한 목소리로 외친다.

"어머니, 이것 좀 보세요!"
"서빈아, 곤충 상자 하나만 들고 와 줘."
"무슨 도마뱀인지 먼저 알아보는 게 좋겠다. 그래야 먹이를 구할 수 있지. 야호!"
지훈이는 조심스러운 손길로 도마뱀을 다룬다. 그런 다음 양서류 백과사전을 꺼내 오며 동생들을 향해 씩 웃어 준다.

"어머니, 줄장지도마뱀 같은 데 휴대폰으로 한 번 더 검색해 보고 싶어요. 휴대폰 10분만 사용해도 돼요?"

강요된 학습이 아니라 아이가 주도하는 학습, 관심 중심 교육이며, 실생활에서 체험하는 모든 것이 배움이 된다. 특정한 커리큘럼이 없기 때문에 자연스럽게, 대부분 관심이 이끄는 대로 상황이 흘러간다.

요즘 지훈이는 곤충에 관심이 많다. 불과 몇 해 전만 해도 곤충 만지는 것을 두려워했는데, 그 모습이 꼭 나와 같았다. 나는 나비, 파리 등 날아다니는 벌레를 무서워하지만, 아이들만은 나와 다르게 자라기를 희망했다. 특히 크기와 종류에 상관없이 벌레를 보면 놀라서 무의식적으로 비명을 질러 댔는데, 아이들이 곤충과 가까워지게 하려면 나의 이런 습관부터 고쳐야 했다.

"우와~ 너무 신기하게 생겼다."
"어떤 느낌일지 궁금하다."

나의 두려움을 아이들이 호기심을 느낄 만한 말들로 바꾸었다. 말 한마디만 바꿨을 뿐인데 아이들이 곤충에 관심을 가지며 잡고 만지게 되었다.

작은 벌레들과 함께 살아가는 덕분에 사람이 살 수 있다는 지훈이는 곤충들의 매력에 푹 매료되었고, 곤충의 매력을 사람들에게 알리고 싶다며 곤충학자의 꿈을 가지게 되었다. 봄이 지나가고 여름이 다가올 때를 기다리고 있었다.

"어머니, 올여름에는 야간 채집 할 수 있어요? 야생 장수풍뎅이 잡아 보고 싶어요."

아이들은 관심 있는 것을 배울 때 훨씬 더 많은 것을 배우기에 우리는 그날부터 달빛을 받으며 야간 채집에 나섰다. 손전등을 각자 하나씩 들긴 했지만 여전히 뭐가 뭔지 구분되지 않는 어둠 속에서도 사 남매는 눈에 레이더라도 달았는지 살금살금 기어가는 어린 바퀴벌레도 금방 찾아냈다. 바퀴벌레의 등장에 나는 튀어나오는 소리를 잠재우려고 두 손으로 입을 막았다.

"어머니, 혹시 바퀴벌레 무서워하는 거 아니죠?"

허를 찌르는 아이들을 질문을 뒤로하고 어둠 속을 걸어가는데 눈앞에 알 수 없는 곤충들이 불빛을 보고 마구 날아들었다. 청개구리, 두꺼비, 딱정벌레, 실처럼 가느다란 새끼 사마귀도 만났다. 매미가 껍질을 벗고 성충으로 변하는 장면은 모두에게 감동을 주었다. 빈손으로 터덜터덜 걸어오다가 어둠 속을 빠르게 걸어가는 지네를 잡고, 전봇대 가로등 아래에서 장수풍뎅이를 만나며 야간 채집의 묘미를 느꼈다. 아이들의 채근에 마지못해 따라나섰을 뿐인데 집으로 돌아오는 길엔 환한 등대의 빛을 받으며 귀향하는 듯했다.

무질서 안의 질서, 생명력의 진실은 자연을 깊이 관찰하는 사람만 볼 수 있는 선물이었다. 그저 한발 물러나 아이들을 따르다 보니, 아이에게 가장 흥미롭고 유의미한 활동에 나도 이끌리게 되었다.

관심을 가지는 만큼 보인다고 내가 몰랐던 곤충의 세계를 지훈이가 선물해 준 것이다.

아이들에게 선택권을 주고 어떤 대안을 선택하게 할 경우 그것이 가능해지도록 돕는 일이야말로 최고의 동기부여라고 생각한다. 아이들이 알아야 하는 것에 관해서는 부모의 편견이나 생각을 버리고 다양한 각도로 무엇이든 탐색할 수 있도록 자유를 허락하는 것이 중요하다.

마음대로 탐구할 수 있는 자유, 무언가를 발견하고 질문을 던질 수 있는 자유, 어디서든 배울 수 있는 자유를 주어야 한다. 그럴 때 아이들은 자유 시간에 자신만의 방식으로 무언가를 발견하고, 그런 뒤에는 열정적으로 더 많은 것을 알고 싶어 한다. 그리고 나도 아이들처럼 배우는 것을 즐기면 된다.

"얘들아~ 내일은 야간 채집 때 어떤 곤충을 만날까? 어머니도 너무 기대돼. 빨리 내일이 오면 좋겠다."

고양이의 섬

조그마한 고양이의 섬으로 나를 이끈 것은 우연이 아닐 것이다. 지난해 겨울, 아이들과 아침 운동을 나갔다가 어미에게 버림받은 작은 새끼 고양이 '태태'를 만났다. 눈을 뜰 수 없을 만큼 눈곱이 끼어 있었고, 추위에 몸을 웅크린 채 귀에 들릴 듯 말 듯 겨우 울음소리를 냈다.

결혼 전에는 애견인으로 살았지만 고양이에 대해서는 지식이 전무한 탓에 어떻게 도움을 줄 수 있을지 몰랐다. 하지만 무슨 생각이 었는지 어떻게든 도움의 손길을 줘야겠다는 생각에 몸이 먼저 반응했다. 품에 안고 병원으로 달려가 진찰받고 감기라는 진단을 받았다. 얼마나 오랫동안 굶었는지 기력이 없어 혼자서는 밥을 전혀 먹지도 못해 밤잠을 설쳐가며 시간마다 사료를 먹였다.

신생아 육아를 다시 하는 듯했다. 낮에는 사 남매를 챙기고 밤에는 고양이를 보살피는 일상으로 고단했지만, 부디 살아나길 바랐다. 열흘쯤 지나자 고양이는 스스로 일어나 입을 벌려 가며 밥을 먹었다. 준비 없이 만난 탓에 42일간의 짧은 인연으로 끝이 났지만, 살아 있는 생명이 소중하다는 사실을 깨닫고 길 위의 아이들을 다시 보기 시작한 귀중한 사건이었다.

그때부터 텃밭에 살던 고양이 가족이 보였고, 골목 구석에서 치열

하게 하루를 보내는 고양이들이 눈에 들어왔다. 고양이의 매력에 흠뻑 빠진 아이들은 고양이를 기르고 싶다고 했다.

"동물을 기르려면 끝까지 책임져야 하는데 책임질 수 있어?"
"네, 책임질 수 있어요."

책임질 수 있다고 말하지만 말로 하는 책임이 얼마나 유효할까? 애완동물이 자라는 아이들에게 정서적으로 좋다는 것은 알지만, 단순한 호기심으로 데려올 경우 뒤처리는 언제나 엄마의 몫이기에 더 망설였는지 모르겠다.

'끝까지 돌볼 수 있을까?'
책임질 수 있냐고 아이들에게 재차 묻는 것은 사실 내가 나에게 던지는 질문이기도 했다.

중학생 시절에 친구들을 따라 애견인이 되었지만, 나는 이뻐하는 역할만 맡았고 목욕과 식사, 산책은 늘 엄마의 몫이었다. 이제야 엄마의 수고에 미안함이 가득 차올랐지만, 엄마는 그때 반려견 '루이'가 있었기에 삶이 더 행복할 수 있었다며 그 시절을 떠올렸다. 찬찬히 엄마의 모습을 떠올리며 생각했다. 부모의 모습을 거울처럼 보고 배우는 아이들은 지금까지 그리고 앞으로 동물을 대하는 나의 모습에 영향을 받을 거라는 생각에 닿았다.

"얘들아, 책임을 진다는 게 뭘까?"

"죽을 때까지 기르는 거요."

"죽을 때까지 기르기만 하면 책임지는 걸까? 고양이를 기르다가 아픈데 그냥 죽을 때까지 데리고 있으면 될까?"

"아뇨. 병원에 데리고 가야죠."

"그런데 병원비는 어떻게 하지?"

"병원비는 벌어야죠."

"누가 병원비를 벌어 오지?"

"휴~ 어머니. 생명을 책임진다는 건 돈도 시간도 많이 필요한 일이네요."

그렇게 고양이 입양을 위한 가족회의가 소집되었고, 우리는 규칙을 정했다.

첫째, 용돈으로 받은 돈의 2분의 1은 고양이를 위해 사용한다.

둘째, 사료, 물, 화장실 청소 담당을 정해서 미루지 않고 각자 맡은 일을 한다.

셋째, 아침저녁 30분씩 고양이와 놀아 준다.

넷째, 털이 많이 날리는 고양이와 우리의 건강을 위해 하루 두 번 함께 청소한다.

경험이 부족한 아이들을 위해 우리 부부가 규칙을 제안하고 아이들이 수긍하고 선택하는 방식이었다. 규칙이 정해지자 우리는 더 편안해졌고, 더 이상의 고민은 사라졌다. 부모가 여러 책임 사이에서 균형 잡는 모습을 먼저 보여 주는 것이 아이들에게 유익하다고 생각한다.

그렇게 우리 가족은 집사가 되었다. 뽀송뽀송 하얀 털을 가진 유기묘 '여름이'가 우리 가족이 되었다. 그리고 그 후 이웃 할머니가 양파망에 데려온 '양파', 쓰레기 줍다가 발견한 새끼 고양이 '홍시'까지 세 마리로 가족이 늘어났고, 마당에 급식소를 차려 길 위의 아이들이 쉬어갈 수 있도록 밥자리를 내어 주었다. 스치듯 만난 인연이었던 '태태' 덕분에 우리 가족의 삶이 풍성함으로 가득 채워졌다. 삶을 더 가치 있게 생명을 더 소중하게 여기도록 크리스마스 선물처럼 그해 겨울 누군가가 우리 가족에게 준 특별한 선물이 아니었을까 생각한다.

난생처음 심부름

가라고 했더니 진짜 간다. 뒤도 안 돌아보고 손잡고 씩씩하게 걸어가는 아이들의 뒷모습을 바라보았다. 늘 여섯 식구가 함께 다녀서 혼자서는 나가 본 적이 없는 사 남매다.

"어머니, 색종이 지금 꼭 필요한데 사러 갈 수 있어요?"
"너희들끼리 다녀와 볼래?"
"네, 알겠어요. 우리끼리 다녀올게요."
로운이는 언제 준비했는지 벌써 마당에서 기다리고 있었다. 잘 다녀오라고 했지만 아이들 걱정에 남편과 함께 몰래 따라가 보기로 했다.

신호등 없는 건널목을 잘 건너 골목길로 들어갔는데, 아이들 발걸음이 빨라 시야에서 사라졌다. 늘 가던 닭장 앞에도 없고, 아이들이 예뻐하는 강아지집 근처에도 보이지 않았다. 아이들의 모습이 온데간데없었다. 마음이 급해져서 남편과 뛰기 시작했다.

마트에 거의 다다랐을 때 아이들이 새로운 길에서 등장했다. 남편과 나는 급하게 트럭 뒤로 몸을 숨겼지만 눈썰미 좋은 서빈이가 우리가 발견한 듯했다. 마트에 들어가지 않고 트럭 쪽을 계속 주시하더니 이내 쪼그려 앉아서 트럭 아래를 살펴보았다. 움직이지 말라는 남편의 말에 얼음처럼 꼼짝도 하지 않았다.

아이들이 마트에 들어간 뒤 주차된 다른 차 뒤로 몸을 숨겼다. 마트에서 나오는 아이들은 시끌벅적했다. 아이들의 상황을 사진으로 남기고 싶어 남편이 허리를 쭉 펴고 일어섰다.

이번엔 유진이가 키를 낮춰 자동차 아래로 발이 보이는지 확인했다. 아이들은 서로 이야기를 주고받더니 손을 잡고 빠른 걸음으로 다시 걸었다. 들키지 않으려고 숨 가쁘게 달려왔는데 아이들이 먼저 집 앞에 다다라 있었다. 전봇대 뒤에 몸을 숨겨 아이들이 집에 들어가는 걸 확인한 후, 따라 들어왔다.

"어머니, 아버지 혹시 우리 따라왔어요?"
"아, 텃밭에 있었어. 색종이는 사 왔어?"
"네, 사 왔어요. 그런데 어떤 멀쩡한 사람이 우리를 계속 따라왔어요. 아버지 같기도 하고 어머니 같기도 하던데, 아버지 맞죠?"
"멀쩡한 사람만 안 따라왔으면 잘 다녀왔을 건데, 그 사람 누굴까?"

사 남매는 한참 동안 미행한 자들 이야기를 나눈다. 들킬까 봐 긴장되는 순간이었다.

"어머니, 혹시 쪽지 봤어요? 마트 가기 전에 식탁 위에 두고 갔는데…."
지훈이 말에 식탁 위를 보니 작고 하얀 쪽지가 놓여 있었다.

"어머니 뒤따라와 주세요."

어린 동생들을 데려가야 한다는 부담감과 두려움 때문이었을까? 하얀 쪽지에서 장남의 무게가 느껴졌다. 어린 줄로만 생각했는데 가만히 아이의 걸음을 따라가 보니 심부름을 완수하기 위한 순수한 의지와 열정, 서로를 위하는 마음이 보였다. 어설픈 우리 부부의 미행으로 두려움을 느꼈을지도 모르겠지만, 서로를 돌보고 의지하며 세상을 향해 한 걸음 나아간 아이들이 기특한 날이었다.

더 넓은 세상으로 가는 길

"어머니, 부산 외할머니 집에 가고 싶어요."

아침밥을 먹다가 서빈이가 말을 꺼냈다. 시작이 어렵지 그다음 걸음을 내딛는 일은 한결 쉬워지는 것 같다. 아이들은 심부름 갈 일이 있으면 자기들을 시켜 달라고 얘기했고, 종종 마트에 다녀오곤 했다.

남편이 외출 중이라 차가 없었다. 오늘 당장은 가기 힘들다고 말하니 서빈이가 지훈이랑 둘이서 기차 타고 다녀오고 싶다고 했다. 내가 영천역에서 기차를 태워 주고 부산에서 할머니가 마중 나오면 되지 않느냐고 했다. 아이들은 날마다 놀라운 생각을 해냈다. 불가능한 일도 아니었지만 걱정이 앞섰다. 이런 내 마음과 달리 아이들은 기차만 타고 있으면 되고, 부산이 종점이라 걱정할 필요 없다며 오히려 나를 안심시켰다.

엄마의 사정을 묻기 위해 전화를 걸었다. 아이들이 먼저 뭔가를 해보겠다고 할 때 지지하고 응원해 줘야 자신감도 생기고 마음이 한 뼘 더 클 거라는 엄마의 의견을 듣고, 남편에게 전화를 걸어 상황을 설명했다. 남편도 아이들의 생각에 동의했다. 가장 가까운 시간으로 기차표를 예약하고, 내 휴대전화를 챙겨 주었다. 모든 일이 일사천리로 진행되었다. 택시를 타고 배웅하러 갔다.

"이제 기차는 다시 안 보고 싶을 것 같아요."
"나는 너무 설레는데? 떨려?"

기차역에 도착하니 지훈이는 잔뜩 긴장하고, 반대로 서빈이는 기대에 가득 찼다. 서빈이의 담담한 모습이 지훈이를 안심시켜 주는 듯했다. 같은 배에서 태어났지만 두 아이의 타고난 기질과 성격은 완전히 반대였다.

아이들은 그렇게 기차를 타고 떠났다. 대구에서 부산까지 KTX를 이용하면 40분이면 도착하는데 무궁화 열차라 두 시간 반이나 걸렸다. 집으로 돌아와서도 아이들이 잘 가고 있는지 마음이 초조했다. 전화나 메시지를 남길 수 있었지만 불안한 내 감정을 전달하고 싶지 않았다. 무사히 도착했다는 연락이 올 때까지 내가 할 수 있는 일은 아이들이 잘 가고 있을 거라는 믿음을 지켜 내는 것이었다.

"어머니, 할머니 만났어요. 울산에서 다른 기차가 먼저 간다고 잠깐 멈춰서 7분 지연됐어요."
"무사히 도착한 걸 축하해. 지훈이, 서빈이 너무 대단하고 멋져."
"어머니, 이제 우리끼리 서울도 갈 수 있을 것 같아요."
"뭐? 하하하."

아이의 자신감, 용기, 문제 해결력, 집중력, 자기 주도성, 사회성 등을 책으로 배우는 데는 한계가 있다. 순탄치 않은 일을 자꾸 부딪

치고 경험해 봐야 더 성장하고 단단해질 수 있다고 생각한다. 사회 활동을 통해 얻은 자신감은 더 넓은 세상으로 가는 길이었고, 아이들에게 독립심을 가르치기 위해 부모에게 가장 필요한 덕목은 인내심이었다.

자신감을 가지고 자신만의 보폭으로 성장하는 아이들을 위해 나는 오늘도 인내하며 파이팅을 외친다.

최고의 직업

지훈이가 돌이 되던 해부터 4년 동안 10평짜리 주말농장을 운영했다. 흙을 만지고 작물을 키우는 재미가 좋아 시작했는데, 제주도로 이사하면서 텃밭 생활을 접어야 했다. 비록 주말에만 가던 텃밭이지만 지훈이와 서빈이는 텃밭에서 있었던 일을 자주 떠올렸다.

그러다가 영천으로 이사 와서 100평쯤 되는 텃밭을 빌렸다. 흙을 뒤엎고, 밭을 갈고 고랑을 만들며 힘을 쓰는 것은 남편의 일이다. 시시각각 변하는 작물을 들여다보는 일과 수확하는 기쁨, 그에 더해 이웃들에게 나눠 주는 재미에 텃밭 일구는 일을 멈출 수 없다. 무엇보다도 하늘을 지붕 삼아 텃밭에서 뛰어노는 아이들의 모습을 지켜보는 것은 가장 큰 수확이다.

"딸기야~ 사랑해."
"내가 더 많이 사랑해. 건강하게 쑥쑥 자라 줘."

딸기를 잘 먹는 유진이와 로운이는 텃밭에 심은 딸기를 바라보며 노래를 불러 주고, 종알종알 이야기를 들려준다. 유진이와 로운이의 사랑 고백을 들은 딸기는 부끄러운지 달콤한 향기를 내뿜으며 얼굴을 붉게 물들인다.

올해부터는 감자와 고구마를 키우기 시작했는데, 비닐 없이 제초제 없이 농사를 짓는 건 시간과 노력을 많이 들이는 일이라는 걸 알게 되었다. 매일 아침 잡초를 뽑지만, 비라도 한 번 내리면 우후죽순으로 잡초가 자라나 작물을 키우는 건지 잡초를 키우는 건지 그간의 모든 노력이 헛수고처럼 느껴져 심란해지곤 했다.

그래도 달달한 완두배기를 해 먹을 완두콩도 잘 자라고 있고, 작년에 씨앗을 받아 심은 수세미도 열매를 맺었다. 농사는 90%가 하늘이 지어 주는 것이기에 우리 나름대로 열심히 키워도 결실은 주는 대로 받아야 한다.

수입과 생활의 안정을 생각하면 농부라는 직업은 절대 할 수 없을 것 같다. 농사짓는 일 자체에 삶의 의미와 기쁨을 두고 자부심을 느껴야만 농부라는 직업을 가질 수 있을 거라는 생각이 든다. 농부가 들인 정성과 수고를 생각하면 마늘 한 톨, 들깨 한 알도 소중하고 감사히 먹게 된다.

"어머니는 농부라는 직업이 세상에서 최고의 직업인 것 같아. 농부님~ 오늘도 이렇게 맛있는 밥을 먹게 해 주셔서 너무너무 감사합니다."

"어머니, 근데 제가 생각하기에 최고의 직업은 아이들 같아요."
"아이들? 지훈이는 왜 그렇게 생각해?"
"아이들은 어머니 사랑을 받으면서 쑥쑥 자라니깐 최고로 멋진 직업 아닐까요?"

구슬을 꿰어 목걸이를 만들어 가듯 내 삶을 빛나게 해 주는 시간 속에는 아이들이 늘 함께 있다. 정말 중요한 것은 무엇으로 삶을 채우느냐가 아니라 누군가와 무엇을 채우느냐가 중요하다는 것을 지훈이의 말 한마디로 다시 한번 깨닫는다.

홈스쿨링은 아이들을 교육하고 가르치는 게 아니다. 아이들과 함께하며 나의 부족한 면을 되돌아보고 끊임없이 배워 가는 것이다. 아이들과 온전히 보내는 시간 속에서 나는 바른 곳을 향해 가고 있다는 자신감을 얻는다. 나의 부족함을 채워 주는 아이들에게서 삶의 지혜를 배우며, 나의 자신감은 오늘도 업그레이드 중이다.

각자의 시간으로 살아가는 아이들

"여보, 서빈이 좀 봐."

"책 읽고 있네?"

"요즘 독서에 빠졌어. 책 읽는 게 너무 재미있데. 요즘 눈만 뜨면 책 읽고, 조용해서 뭐 하고 있나 보면 어디 앉아서 책 읽고 있어."

"글 읽는 게 재미있나 보네."

요즘 서빈이는 외출할 때는 물론이고, 마당에 나가도 집에 들어와서도 책을 들고 다닌다. 불과 얼마 전까지 한글을 읽지 못해 조급해하던 내 모습이 떠오른다. 지훈이와 다르게 서빈이의 학습 속도는 느리다. 같은 시기의 지훈이는 책을 읽으며 스스로 한글을 깨쳤지만 서빈이는 한글 읽기가 서툴다.

지훈이는 관심사가 생기면 책을 찾아보고 스펀지처럼 쏙쏙 빨아들인 정보를 가족들에게 알려 주고 싶어 하지만, 서빈이는 정보가 머리에 들어가기 전에 증발하는 느낌이다. 유치원에서부터 글을 읽고 쓰는 요즘 아이들을 생각하면 과연 서빈이 스스로 책을 읽는 시기가 올지 의구심마저 들었다. 학습지를 하면서 빨리 한글을 뗐다는 지인의 말에 이런저런 학습지를 검색해 보기도 했다. 홈스쿨링을 처음 시작할 때와 다르게 마음이 흔들리기도 했다. 조급한 마음으로 서빈이를 바라볼 때면 자꾸 답답함이 밀려왔다. 그러던 어느 날이었다.

"로운아~ 자동차 바퀴가 안 굴러가서 답답해? 그럼 내가 도와줄게. 이리 줘 봐."

떼쓰며 징징거리는 로운이에게 다가가 자동차를 고쳐 주는 서빈이의 목소리가 바람을 타고 귓가에 들려왔다. 그 목소리가 얼마나 다정하고 사랑스러운지, 자리에 멈춰 서빈이의 목소리에 마음을 집중했다.

"로운아, 나랑 같이 놀자. 내가 레고 만들어 줄게."
"유진아, 아까 이거 갖고 싶다고 했잖아. 이거 선물로 줄게. 여기 있어."
"어머니, 뭐 도와드릴 것 없어요?"

서빈이는 늘 주변을 챙겼고, 도움이 필요한 사람들에게 먼저 다가가 손을 내밀었다. 예상하지 못한 곳에서 새로운 서빈이의 모습을 발견하는 순간이었다. 서빈이는 누구보다 마음이 따뜻하고 사랑이 넘치는 아이였다.

서빈이는 아직 어리고, 지식을 전달할 때가 아니라는 생각이 다시금 들었다. 체력을 길러 주고 공부의 재미를 길러 주는 일이 중요했고, 무엇보다도 자신의 감정을 조절할 수 있도록 인내심을 길러 주어야 했다. 그리고 이 모든 것은 가르친다고 되는 게 아니라 내가 먼저 보여 주어야 했다. 아이들에게 내가 본보기가 되고 있는지 스스로 돌아보지 않을 수 없었다.

마음먹었지만 잘 안되는 건 어른인 나도 마찬가지인데 서빈이를 보면서 조바심 내던 마음을 은연중에 쏟아내진 않았는지 덜컥 걱정되었다. 잘 알면서도 잘 안되는 그 시간을 기다려 주는 게 진짜 사랑이라는 생각이 들었다.

고유한 아이들만의 시간을 이해하는 일, 사랑을 표현하는 일에 시간을 쏟으며 먼저 내 마음의 여유를 찾는다. 아이들을 믿으며, 아이들에게 넘치는 사랑을 주는 엄마가 되고 싶다. 지금 모습은 아이들의 완전한 모습이 아니라 성장해 가는 일부분임을 되새기며 평정심을 유지하고 싶다.

"서빈아~ 이제 그만 자자. 우리 불 끈다."
"책 읽고 있어. 10분만, 아니 5분만 기다려 줘. 제발~ 너무 재미있단 말이야."

아이들의 시계는 제각각 다르게 흘러간다. 서빈이의 시계는 지금 이 순간에도 천천히 흘러간다.

처음으로 사교육

집 앞 사거리에 면사무소에서 주최하는 주민 강좌 현수막이 걸렸다. 노래, 서예, 민화 그리기, 야생화 그리기, 풍물놀이 등 몇 가지 강좌가 개설되었는데 오가며 현수막을 본 서빈이가 하모니카를 배우고 싶다고 했다.

"여보, 서빈이가 주민센터에서 하는 하모니카 수업을 듣고 싶다고 하네요."
"그래? 그럼 일단 전화해 봐. 시골이고 어르신들뿐인데 개강이나 하겠어? 다른 수업은 몰라도 요즘 누가 하모니카를 배우겠어."
"아이들이 저렇게 원하는 데 폐강하면 어쩌지?"

농경기나 수확 철이 아니면 사람 마주치기 힘든 조용한 시골 마을이기에 개강 여부에 신경이 쓰였다. 게다가 아이를 보기 힘든 동네라 아이들이 수업에 참여할 수 있는지도 알 수 없었다.

"여보세요. 혹시 주민 강좌에 아이들도 접수할 수 있나요?"
"아, 그게, 안 되는 건 아닌데요. 허허허, 어르신들이 대부분이라 도시의 문화센터 같지는 않습니다. 할아버지, 할머니들이라 수업이 천천히 진행되거든요. 허허허."

접수하고도 한 달째 소식이 없었다. 그리고 한 달 반쯤 지나서야 날짜와 시간표가 확정되었다. 매주 화요일 오후 4시부터 두 시간 수업이었다.

"어머니~ 너무 떨려요. 근데 재미있을 것 같아요."

배움에 굶주려 있었던 걸까? 서빈이는 수업에 가는 날까지 매일 달력을 펼쳐 보며 그날을 손꼽아 기다렸다. 홈스쿨링을 시작하고 처음으로 받는 사교육이었기에 가족 모두 수업 날을 고대했다. 또래가 한 명도 없는 곳에서 할머니, 할아버지들과 함께 수업받는 지훈이와 서빈이의 모습이 궁금했다. 주민센터가 걸어서 5분도 채 되지 않는 곳에 있었지만 여섯 식구 모두 함께 나섰다.

강의실 문을 열었다. 덩그러니 몇 명만 있을 줄 알았는데 시끌시끌 하모니카 소리가 강의실을 가득 채우고 있었다. 작년부터 이어 온 수업이라 기존에 배우던 분과 새로 신청한 사람으로 빼곡한 강의실은 발 디딜 틈이 없었다. '선생님 한 분으로 수업이 가능할까?' 라는 의문이 들 정도였다.

120분 수업이라 앉아 있는 일이 제일 걱정이었는데, 쉬는 시간 없이 100분 동안 진행되었다. 집으로 돌아온 아이들 얼굴에는 싱글 벙글 웃음꽃이 피어 있었다.

"하모니카 수업 어땠어? 앉아 있기 힘들지 않았어?"
"어머니, 너무 재미있어요. 시간이 가는 줄 몰랐어요."

"정말?"

"옆에 앉은 새로 온 할머니가 같이 수업 들으니깐 친구라고 부르라고 했어요. 근데 좀 이따가 그냥 '언니'라고 부르래요."

"정말? 유쾌한 할머니시네."

"누가 연습 많이 했는지 다음 수업에 와서 겨뤄 보자고 했어요."

평소 말 없는 서빈이가 쉴 새 없이 재잘거리며 끊임없이 이야기하는 모습이 마냥 신기했다. 아침에 일어나 놀다가 쉬다가 틈틈이 하모니카를 연습하는 모습을 그저 넋을 잃고 바라보았다.

"여보, 당신은 학교나 학원에서 수업 들을 때 어땠어?"

"시켜서 하니깐 즐거워하기보다는 하기 싫었던 기억이 더 많아."

"나도 그래. 그런데 서빈이 보니까 나만 공부하기 싫어했나 싶은 생각이 들어서."

"우리만 그런 건 아닐 거야. 억지로 시켜서 하는 일은 학교가 아니라 회사도 마찬가지잖아."

처음 홈스쿨링을 시작할 때는 아이들이 구체적으로 어떻게 배우게 되는지 알지 못했다. 좋아하는 것을 찾을 수 있을지도 막막하기만 했다. 하지만 서빈이 모습을 통해 배움을 즐기는 자세를 다시 한번 생각해 볼 수 있었다. 배움이라는 건 학습뿐만이 아니다. 인간관계, 일상생활 등 모든 것이 '배움'에서 시작된다.

자발적인 배움은 내재된 동기를 불러일으키고 학습의 질을 높여 주는 것이 분명하다. 홈스쿨링은 아이들 스스로 배움의 길을 찾아가고 진정한 배움의 즐거움을 느끼게 해 준다. 부모는 기다려 주기만 하면 된다. 아이들 스스로 배울 수 있기 때문이다. 나는 아이들이 스스로 배울 수 있다고 믿는다.

날마다 반복되는 일을 하면서도 아이들은 자신의 관심사를 좇아가고, 자신의 속도와 능력에 맞추어 나가고 있다. 아이들이 학습에 흥미를 갖도록 억지로 무엇을 시도할 필요는 없다. 자신이 선택한 일을 즐거이 할 때 자기 주도적인 삶을 살아갈 힘이 생길 테니.

"어머니~ 화요일 언제 와요? 매일 화요일이면 좋겠어요. 하모니카 너무 재미있어요."

배움은 우연히 얻어지는 것이 아니라
열성을 다해 갈구하고
부지런히 집중해야 얻을 수 있는 것이다

·애비게일 애덤스·

나는 홈스쿨링하는 엄마로 살기로 했다

part 3

우리는 놀면서 배운다

넌 나의 좋은 친구

이지훈

월요일 6시
눈을 떴을 때 너는 나를 보며 웃고 있었지
행복했지
내 곁엔 네가 있었지

화요일 8시
미세먼지가 심해서 밖에 나가지 못했어
답답했지
그때도 내 곁엔 네가 있었지

수요일 10시
내가 만든 게임을 가족들과 함께 하면서 시간을 보냈지
즐거웠어
너도 함께했지

목요일 12시
어머니가 해 주는 얼큰한 김칫국은 정말 최고야
너도 함께 먹었으면

금요일 2시
동생이랑 다퉈서 아버지께 혼이 났지
네가 말없이 위로해 주었지

토요일 4시
속닥속닥 너에게만 내 비밀을 말해 주었어
너는 누구에게도 말하지 않았지

일요일 6시
퐁당퐁당 너와 함께 물장구치며 놀았지
너와 함께 일주일을 보낼 수 있어서
매일 함께해서 행복해
넌 나의 참 좋은 친구야

이런 내가 자랑스러워요

"여보, 여기 종이에다가 자기 장점을 써서 공유해요."

"그런 걸 왜 하는데?"

"나는 당신을 잘 모르고, 당신도 나를 잘 모르니깐 서로 알아 가는 시간을 가지고 싶어서요."

신혼여행에서 돌아와 남편에게 각자의 장점을 써서 공유하자고 했다. 남편은 이런 나를 조금은 이상한 눈길로 바라봤고, 시간을 때우며 장점 쓰기를 겨우 마쳤다. 그때부터 시작되었다. 우리는 연중행사로 상대방의 장점 50개, 자신의 장점 50개 쓰기를 하고 있다. 장점보다 단점 쓰기가 더 쉬울 것 같지만 고민하며 써 내려가다 보면 티끌만큼 작은 부분도 장점으로 보이고, 단점을 장점으로 바꿔서 써내는 마술까지 부리게 된다.

정작 나의 장점을 쓰기는 얼마나 힘든지 매년 작성하면서도 고민하고 또 고민하게 된다. 남편은 여전히 장점이 많다. 가끔 남편에게 툭툭거리며 서운해할 때가 있는데, 사실 남편이 변한 건 없다. 내 태도만 다시 바꾸면 아무 문제 없다. 나 하나, 내 마음만 바꾸면 모든 게 편해진다는 걸 장점 쓰기를 하고 나서 알게 되었다.

친정엄마는 나를 보며 내 장점을 자주 말씀해 주었다. 얼마나 성실하고 마음이 따뜻한 사람인지를. 그런 엄마의 긍정적인 말 한마디가 나를 더 깊이 관찰하고 스스로 사랑하는 방법을 알아가는데 도움을 주었다. 그래서 아이들에게도 장점을 자주 말해 주려고하지만 현실은 생각과 달랐다. 그래서 방법을 바꿨다. 나는 아이들과 〈장점 30가지 쓰기 & 나를 그림으로 표현하기〉를 시도했다.

"서빈이는 자전거도 잘 타고 지구력도 좋은데, 나는 뭘 잘하지?"
"지훈이도 자전거 잘 타고 미로 찾기도 잘 만들잖아. 곤충에 대해서도 잘 알고."

시작하자마자 말이 많아진다. 아이들도 자신의 장점 쓰기가 쉽지 않은 것 같지만, 그리 오래 걸리지 않아 장점 쓰기를 마무리한다.

'노래를 잘 부르고, 팔굽혀 펴기를 잘하는 유진이.'
'고양이를 사랑하고 동물보호소를 여는 자신만의 꿈을 가진 서빈이.'
'수많은 정자 중에서 1등으로 도착해 가장 먼저 태어난 것이 자랑스러운 지훈이.'

장점 쓰기를 통해 아이들은 딱히 좋아하거나 잘하지 않아도 자신이 할 수 있는 일을 찾아보고, 스스로 사랑하는 방법을 깨치게 되었다. 자신을 존중하는 마음을 배우며 회복 탄력성까지 키우는 긍정적인 모습까지 보여 주었다.

"외할머니 미역국은 세상에서 제일 맛있잖아."

"맞아. 할아버지는 춤출 때 진짜 웃기고, 우리랑 잘 놀아 줘서 재미있고."

친구, 할머니, 할아버지 등 주변 사람들의 장점까지도 찾아낸다. 우리 아이들은 손편지를 써서 보내는 일이 있는데, 그때마다 편지를 받는 상대의 장점을 몇 가지 적어서 보내기도 한다. 모든 사람은 서로 다르며 자신만의 매력이 있다는 점을 알게 되었고, 상대에게 관심을 표현하는 일로 주변 사람을 기쁘게 할 수 있다는 사실을 알게 되었기 때문이다.

Tip.
'내가 자주 사용하는 말'을 적어 보면 나의 말 습관을 되돌아볼 수 있어요.
'내가 듣고 싶은 말'을 적어 보기도 해요. 아이들이 듣고 싶은 말을 기억하거나 적어 두었다가 자주 말해 주세요.
아이들의 마음에 한 발짝 다가가기가 쉬워요.

우리 집 대통령

"2번 뽑아 주세요!!"
"7번! 7번!!"
"5번! 5번!!"

5번, 7번 외치던 서빈이와 유진이는 목소리 큰 사람 못 이긴다고 갑자기 "2번! 2번!"을 외친다.

오늘 저녁은 우리 집 대통령을 뽑는 날이다. 거리에서 선거 유세 장면을 보고 온 어느 날, 지훈이가 우리 집 대통령 선거를 하고 싶다고 했다. 우리 집 행사의 대부분은 아이들이 아이디어를 내고, 진행하고, 준비한다. 행사를 준비하면서 너무 즐거워하기에 남편과 나는 참석만 하면 되는 장점이 있다.

2번 지킴이당 지훈이
5번 食당 유진이
7번 무지개당 서빈이

종이를 오려 투표용지를 작게 만들고, 그 안에 선거 후보의 번호를 적었다. 그런 다음 투표가 처음인 아이들에게 투표하는 방법을 알려 주고, 마음에 드는 후보에게 동그라미 표시를 하기로 했다. 아이들은 누가 볼세라 손으로 종이를 가리기도 하고, 잠시 사라졌다가 어디서 투표를 하고 나타나기도 했다. 블로그를 통해 미리 '우리 집 대통령' 후보를 발표하고 온라인 투표까지 진행해 선거에 재미를 더했다.

드디어 개표가 시작되었고, 기호 2번 지킴이당 지훈이가 우리 집 대통령이 되었다.

"심장이 터질 것 같아요. 너무 좋아요!"

지훈이는 진짜 대통령에 당선된 것처럼 얼굴이 붉어졌고 또 갑자기 바빠졌다.

"감사합니다. 열심히 일하겠습니다. 지킴이당 이지훈!"

지훈이는 당선 후 현수막을 그대로 흉내 냈다. 그런 지훈이를 보며 웃음을 터뜨리는데, 서빈이가 투표함으로 사용한 스텐볼을 뒤집어쓴 채 울었다.

"나도 대통령 되고 싶은데…. 엉엉엉."
"서빈이 대통령 되고 싶다고?"
"네, 엉엉엉."
지훈이가 당황했다. 지훈이에게 한 표를 주고 그 옆에 작은 무지개를 그려 놓은 투표용지가 있었다.

"그런데 왜 서빈이는 서빈이 안 뽑고 지훈이한테 표를 줬어?"

"흑흑, 지훈이가 좋아서요."

"서빈아, 울지 마. 나는 5월에만 대통령 할게. 또 투표해서 대통령 뽑자. 응? 나는 이제 심부름꾼이니깐 뭐든 시켜. 알았지? 뭘 도와 드릴까요?"

"그러면 그림자놀이!"

불이 꺼진 방에서 지훈이와 남편과 함께 그림자놀이를 하던 서빈이는 웃으며 잠이 들었다.

다양한 연령으로 구성된 가정은 사회성의 첫 단추를 끼우는 장이 된다. 아이들의 사회성은 가정에서도 기를 수 있다. 홈스쿨링의 장점 중 하나는 아이와 모든 것에 관해 이야기할 수 있다는 것이다. 아이에게 일어나는 모든 것을 부모가 인지하고, 아이가 어려워하는 부분을 함께 고민하고 대화하며 해결책을 찾아 나갈 수 있다. 사회성은 이러한 과정을 통해 얻게 되는 결과물 중 하나다.

Tip.

우리 집 대통령을 뽑으며 선거의 4대 원칙을 함께 알아보세요. 아이들에게 선거의 의미, 선거의 기능, 투표 방법에 대해 알려 주세요. 대통령이 하는 일에 관심을 가질 수 있도록 역대 대통령들의 업적에 대해 들려주세요.

민주주의, 유권자의 개념에 관해 이야기를 나누어 보세요. 어린이들의 투표 참여권에 대해 찬반 토론을 해 보세요.

걸으면서 자라는 아이들

"아버지, 우리 여행 갈 수 있어요?"
"어디 가고 싶은 곳 있어?"
"걷기 여행 가고 싶어요."
"정말? 걷는 여행 힘들다고 했잖아."
"힘들긴 한데, 걸으면 차를 타고 갈 때 안 보이던 것들을 볼 수 있어서 너무 좋아요. 곤충들도 만나고요."
"맞아요, 그리고 걸으면서 먹는 음식은 전부 다 꿀맛이에요."

우리 가정에서 가장 멋진 일은 '자유'이고 거의 계획을 하지 않는다는 점이다. 햇빛 찬란하고 쾌청한 가을날, 아이들과 함께 지리산 둘레길을 걷기로 했다.

배낭 하나에 필요한 짐을 챙겨서 세상을 돌아보고 배우기로 했다. 배움에는 시기가 있다고들 하지만 꼭 학교와 교과서를 통해서 배워야만 한다고 생각하지 않는다. 마음껏 뛰어놀기, 킥킥거리며 웃기, 누워서 시간 보내기 등 시계의 흐름을 벗어난 이런 행동에서도 배울 것이 있으며 살아가는 데 중요하다고 생각한다.

"야~ 너무 신난다!"
"어머니, 이번에는 유모차 없어서 어떻게 해요?"
"그래서 자기 옷이랑 먹을 거는 각자 배낭에 넣어서 들고 가야 해.

괜찮겠어?"

"네, 할 수 있죠. 간식만 많이 주면요. 히히."

벽 한편에 큼지막한 종이를 붙여 놓고 각자 필요한 물건을 그림으로 그려 보기로 했다. 아이들은 종이를 수시로 보며 다른 사람은 어떤 물건을 챙기는지, 혹시 빠트린 건 없는지 출발 전까지 스스로 확인했다.

사실 도보 여행이 이번이 처음은 아니다. 오래된 나의 버킷리스트 중 하나는 산티아고 순례길 걷기인데, 아이들이 어리기에 도전할 기회가 점점 사라지고 있었다. 순례길에 대한 갈망이 커져 갈 때쯤 제주도에 우리만의 순례길을 만들어 보자며 도보 여행을 시작했다. 첫째는 네발자전거, 둘째는 킥보드, 셋째는 유모차를 이용했고, 넷째는 배 속에서 함께 걸었다. 하루에 15~25km를 걸었고, 보름간 걸어서 제주도를 일주했다. 우리의 우려와 달리 아이들은 두 발로 걷는 여행을 즐거워했다. 도서관에서 책을 읽으며 잠시 쉬어 가기도 했고, 때로는 식물원과 자동차박물관, 매일 변하는 제주의 바다가 아이들의 놀이터가 되어 주었다.

제주도를 시작으로 우리 가족의 도보 여행은 해파랑길로 이어졌다. 해파랑길은 부산 오륙도 해맞이공원에서 강원도 고성 통일전망대까지 동해안 750km를 걷는 코스다. 넷째가 돌을 맞이한 날, 우리는 고성으로 달려갔다.

걸으면서 만나는 계절의 느낌과 무심코 지나칠 뻔한 곤충, 차를 타고 다니면서 보지 못했던 것들을 자세히 보고 싶다는 아이들의 말에 며칠 일정으로 떠난 여행이었는데 25일 동안이나 걸었다. 우리는 걸으며 스스로 세상을 관찰하는 여행자가 되었다. 깨끗한 옷, 따뜻한 밥, 안락한 집, 소유하고 있는 물건들, 우리가 당연하게 여겼던 일들이 사실은 전혀 당연한 것이 아님을 느끼게 해 준 여행이었다.

우리는 힘이 들 때면 서로 응원하며 자신의 능력을 발휘하는 방법을 배워 갔다. 조금 더 빨리 가려고 들어선 지름길은 막다른 골목이었고, 숙소를 정하지 못해 헤매다가 식당 할머니의 도움으로 마을회관에서 하룻밤을 묵기도 했다. 어긋난 일기예보로 비를 맞으며 다음 숙소까지 걸어가기도 했다. 이 모든 일은 삶의 일부였다.

여행하면서 우연히 마주한 기회들을 통해 배우는 것이 최고의 학습이라 생각한다. 여행의 따스한 기억은 앞으로 아이들이 살아갈 인생에서 언제 올지 모르는 춥고 어두운 시간을 견디게 하는 밑거름이 되어 주리라고 믿는다. 도보 여행을 하며 배운 경험을 통해 아이들이 정해진 삶의 공식을 따르지 않고 자기 나름대로 세상을 보며 살아가면 좋겠다.

Tip.

(도보)여행을 떠나기 전에 아이들에게 각자 필요한 준비물을 글이나 그림으로 표시하게 해 보세요. 배낭 속 짐은 자신이 직접 정리하게 해 주세요. (아이들이 빠트린 걸 확인해 챙겨 주는 센스 있는 부모님이 되어 보세요.)
하루쯤은 쉬어 가는 날을 만들어 그 지역을 여행해 보세요.

가이드북이나 휴대폰을 이용해 아이들이 가고 싶은 곳을 선택하면 여행에 힘을 더할 수 있답니다. 일정을 끝내고 숙소에 돌아온 후에는 입을 옷과 가방을 미리 챙겨 놓아요. 하루의 일과를 그림으로 기록하면 두고두고 그때의 느낌을 떠올릴 수 있어요.

느리게 배달됩니다, 달팽이 신문

"다음 주 기사는 뭘 쓸 거야?"

"외할머니께서 지난주에 합창대회 가신 거 쓸까 생각 중이야. 할머니도 신문에 할머니 이야기 실리면 좋아하지 않을까?"

"아! 나는 어머니가 숟가락 부러트린 거. 우리 어머니 힘 너무 세다. 무서워. 우리도 부수면 어쩌지? 히히히."

우리 가족의 일상을 신문으로 만들어 보고 싶다는 지훈이의 말에 '달팽이 신문'을 발행하게 되었다. 달팽이 신문의 구독자는 양가 부모님이다. 2주에 한 번 발행해 우편으로 보내드린다. 전화로도 일상을 전하지만, 아이들이 직접 적은 글은 할머니 할아버지에게 큰 즐거움이 된다. 구독자를 위해 글씨를 크게 적는 배려도 잊지 않는다.

기사를 쓰기 시작하면서 일상을 관심 있게 들여다보고 생각하는 습관이 저절로 생기는 것 같다. 특별히 정해 놓은 형식이 없는 까닭에 어떤 글이든 원하는 형식으로 자유롭게 쓸 수 있다는 점이 장점으로 작용했다. 첫째 고양이 '여름이'를 입양했을 때는 여름이를 데려오기까지의 과정이나 여름이의 성격, 먹이 종류 등에 관한 내용을 글로 썼고, 인터넷 검색으로 페르시아고양이의 기본적인 성격을 비교해서 글을 쓰기도 했다. 자신들이 흥미를 느낀 주제이기에 누가 시키지 않아도 저절로 집중하고 몰입했다.

아이들에게는 이 시간이 공부하는 시간이 아니라 가위로 자르고, 붙이고 노는 시간이다. 아직 글을 모르는 유진이나 로운이는 관심 있는 것을 그림으로 그리기도 하고, 자작시를 읊으면 그걸 나와 남편이 대신 글로 옮겨 주기도 한다. 부모가 준비해야 할 일이 있다면 아이들이 원하는 사진을 평소에 찍어 주고, 프린터를 이용해 출력해 주는 것이다. 완성한 신문은 서류 봉투에 담아 우편으로 할머니 집으로 보내드린다.

이 과정에서 아이들은 우체국 이용하는 방법을 배우고, 우체국을 드나들다 보니 우표에도 관심을 가지게 되었다. 요즘은 편지를 써서 우표를 붙이고 빨간 우체통을 이용해 보내기도 하니 그마저도 재미있는 과정이 된다. 크리스마스실, 기념일 우표 등 다양한 우표가 발행되는 것을 찾아보는 일마저 또 하나의 배움이 되었다.

여행지에서 받은 입장권을 붙이고 여행지를 소개하며 그날의 기억을 덧붙이고, 함께 만든 버섯볶음, 떡볶이, 오이무침 요리법을 적어 보내기도 한다. 그리고 산책하다가 주운 낙엽도 좋은 재료가 된다. 알록달록 물든 낙엽을 코팅지로 손 코팅해 계절의 느낌을 담뿍 담은 신문을 만들기도 한다.

평소에 두루마리 휴지 심이나 버리는 옷, 해변에서 주워 온 작은 유리 조각(씨글라스) 등을 한곳에 모았다가 필요할 때 아이들이 언제든 스스로 꺼내 사용게 하면 창의 주도적으로 활동을 해 나간다. 그것을 사진으로 남기면 기사를 쓸 좋은 재료가 된다. 아이들의 생각을 눈에 보이는 현실 세계로 이끌어 내기에는 가족 신문을 만드는 것만큼 좋은 방법은 없다고 생각한다.

Tip.

우리 동네 지도를 그려 보세요. 어떤 가게가 많은지, 어떤 형태의 집이 있는지, 꼭 생겼으면 하는 곳은 무엇인지 이야기를 나누어요. 앞으로 살고 싶은 미래의 우리 집을 그린 후, 나의 바람이나 집에 꼭 있었으면 하는 일을 적어 보세요. 이런 활동을 통해 글쓰기 힘을 기를 수 있어요.

한 가지 주제를 정해 신문을 발행해도 좋아요.
(예: 힐링 신문, 유머 신문, 건강 신문, 고양이 신문 등)

시로 여는 아침

"어머니, 다섯 살 때 유치원에 다녔잖아요.
그때 유치원 마당에 큰 태극기가 높이 걸려 있었어요.

태극기를 볼 때마다 빨강은 노을이고, 파랑은 파도 같다고 생각했어요.
해지는 바다, 파도가 치는 바다를 닮은 모습이요.

어머니는 바다를 좋아하고, 해지는 노을을 좋아하잖아요.
태극기를 볼 때마다 어머니를 생각하며 지냈어요.
어머니, 사랑해요."

아이들이 무심코 내뱉은 말이지만 오랫동안 기억에 남을 때가 있다. 시간이 지나면 잊어버리기 때문에 그때그때 휴대폰에 남기는데, 메모한 글을 다시 아이들에게 읽어 주면 자신이 했던 말인 줄도 모르고 너무 좋다며 감탄한다.

인생의 반은 노래로 가득 차 있다고 할 수 있는 유진이는 세 살 때부터 자작 노래를 부르고, 춤추는 일을 즐겼다. 그맘때 아이들이 모두 비슷할 수도 있지만 나는 그런 유진이가 신기하고 특별하게 보였다. 유진이는 노랫말을 녹음하거나 받아 적게 했다가 그 글을 가족들에게 들려주었다.

"우와!"
"유진이 진짜 노래 잘 만든다."

모두 칭찬을 아끼지 않았다. 우리가 부르는 동요들 역시 시로 이루어져 있다며 음을 빼고 가사만 읊어 주니 아이들이 또 다른 느낌이라고 했다. 그때부터 너도나도 시를 만들어 보겠다고 했다. 글의 힘은 강하다. 시를 쓰는 것만으로도 아이들은 논리적으로 사고하고 부드럽게 자신을 표현하는 방법을 배운다.

Tip.
마음은 시인이지만 막상 시작하면 어려워할 수 있어요.
그래서 먼저 주제를 적고, 주제에 관한 단어나 문장을 마인드맵처럼 확장해 적어 나가요. 주제는 가족이 함께 정할 수 있고, 그 생각들을 정리하고 다듬으면 시가 완성되지요.

나는 내 마니또 좋아하지요

"나 오늘 마니또 두 번이나 도와줬어."

"나는 세 번!"

"밥상 차릴 때 서로 도와주고, 설거지도 청소도 다 해 주니깐 어머니 마니또는 누구인지 전혀 모르겠어. 엑스맨이 너무 많아."

해 줬다는 사람은 있고 받은 사람은 없다는 마니또. 서로 자기 마니또 없다고 잘 못 뽑은 것 같다고 이야기하며 한바탕 웃는다.

올해 크리스마스로 네 번째를 맞이하는 마니또 놀이 또한 지훈이의 아이디어다. 책이나 영상을 보다가 재미있을 것 같은 게 보이면 가족들에게 함께 해 보자고 제안한다. 준비하는 과정 자체를 즐기기 때문에 나머지 가족들은 참여만 하면 된다.

크리스마스를 2주가량 앞두고 마니또 놀이를 위해 종이를 준비한다. 글을 모르는 로운이를 위해 그림을 그려서 마니또가 누구인지 단번에 알아볼 수 있게 해 준다. 자기 이름이 나오면 다시 뽑기를 한다. 우리 가족은 식구가 많으니 뽑기만 여러 번 할 때도 있다. 마니또는 크리스마스에 공개한다.

그리고 각자 원하는 선물 목록 두 개를 종이에 적어 두면 크리스마스에 마니또가 마음에 드는 선물을 해 준다. 첫해는 마니또에게 너무 티 나게 잘해 주거나 못해 줘서 크리스마스가 되기 전에 누가 누구의 마니또인지 예측할 수 있었다. 그래서 다음부터는 마니또를 전혀 알아채지 못하도록 비밀스럽게 친절을 베풀기로 약속했다.

틈만 나면 마니또를 위해 비밀 요원으로 변신하고, 가끔은 엑스맨으로 위장하는 아이들을 바라보는 즐거움이 쏠쏠하다. 마니또, 크리스마스를 더욱더 기다리게 하는 또 하나의 즐거움이다.

Tip.
원하는 선물은 일정 금액 이하로 준비하게 해요.
(우리 가족은 2,000원으로 정했답니다.)

마니또를 공개하는 날 다음 해에 이루고 싶은 자신만의 목표를 정하고, 발표하는 시간을 가져요.
(아빠는 마라톤 풀코스 완주, 엄마는 두 번째 책 출간, 지훈이는 야간 채집, 서빈이는 마라톤 5km 완주, 유진이는 두발자전거 배우기, 로운이는 기저귀와 빠이 하기.)

생각하는 힘을 기르는 법

"어머니, 혼자 읽을 때는 이런 생각을 못 했는데 함께 읽으니깐 다른 느낌이네요."
"생각을 나누니 책 읽기가 더 재미있어졌어요."

아이들 반응이 좋았다. 자신들이 읽는 책을 어머니 아버지도 읽고 함께 이야기 나눴으면 한다는 아이들의 말에 우리 가족 독서 모임이 시작되었다. 첫 책은 지훈이가 함께 읽고 싶다는 『어린왕자』를 선택했다. 돌아가면서 책을 읽고, 기억하고 싶은 문장에 줄을 긋고, 이야기 나누고 싶은 부분이나 의문이 생기는 부분을 체크해 두었다가 이야기를 나누었다. 아이들은 진지했고 자기 생각을 마음껏 나누었다. 자신의 의견을 나누어야 하는 상황 덕분에 생각하는 힘을 자연스럽게 기를 수 있었다.

"지훈이 생각을 들어보니 정말 그럴 수도 있겠다."
"어머니는 그런 생각 못 해 봤는데 어떻게 그런 생각을 했어?"

같은 문장을 두고도 서로 전혀 다른 관점을 이야기했는데, 그때마다 아이들은 자기 의견이 받아들여진다는 기쁨에 다음에는 더 좋은 의견을 내놓았다. 독서 모임의 큰 효과였다. 아이들은 나와 의견이 다른 사람도 있다는 사실을 독서 모임을 통해 자연스럽게 깨달아 갔다.

책 한 권을 읽는 기간은 한 달로 정하고, 매일 정해진 분량만큼만 책을 읽는다. 그리고 한 권을 모두 읽으면 독서 감상문을 기록한다. 다음으로 읽을 책은 잠자리에 들기 전에 여러 번 읽었던 미하엘 엔데의 『모모』가 선정되었다. 선정 도서는 아이들과 내가 함께 읽고 싶은 책을 선택한다.

가족 독서로 서로에게 좋은 자극을 주고 뭐든지 할 수 있다는 자신감을 키워 주려고 한다. 인간관계에서 만나는 모든 사람과의 행동과 태도, 생각, 타인과의 다름을 자연스럽게 인식하는 것이 사회화 과정이라고 생각한다. 학교는 지식을 쌓는 유일한 장소가 아니며, 사회성을 배울 수 있는 유일한 곳도 아니다. 완벽하진 않지만 자신만의 삶을 살아갈 아이들의 미래를 위해 우리가 함께 만들어 가려고 한다.

Tip.

부모의 생각을 강요하지 않는 게 제일 중요해요. 책과 상관없는 이야기라도 아이들의 생각을 들어주는 자세가 중요해요.

독서 시간은 20분 이상 넘기지 않으려고 해요. 시간이 길어지면 자칫 아이들이 지루해할 수 있어요. 짧은 시간이라도 꾸준히 하는 것이 독서 모임을 오래 할 수 있는 힘이에요.

선정 도서는 아이들과 부모가 번갈아 정해요.

책을 읽기 전에 영상을 통해 작가의 삶이나 작가가 살았던 시절을 먼저 접하게 해 주세요. 아이들이 한결 쉽게 책에 접근할 수 있을 뿐 아니라, 책을 이해하고 작가의 의도를 찾아내기도 쉬워진답니다.

책을 읽은 후에 독서 기록을 남기는 일도 잊지 마세요. 책에서 읽은 부분 중 기억에 남거나 중요한 내용을 한 가지씩 정해 실생활에 적용하고 실천해 보세요.

프로젝트 발표

아이들이 아이디어를 내면 나는 진지하게 받아들이는 자세를 취한다. 아이들에게 의미 있고 흥미 있는 주제이기에 내가 관심을 기울이는 것만으로도 진지하게 몰입하기 때문이다.

각자 원하는 주제를 찾아 조사하고 발표해 보자며 지훈이가 또 아이디어를 냈다. 이름하여 '프로젝트 발표'. 가족 모두 찬성했고 시간을 갖고 준비했다. 3주의 시간이 있었다. 아이들은 책과 인터넷 검색으로 자신이 알려 주고 싶은 것을 찾아 노트에 정리하고, 주제에 관한 그림을 그리고, 알려 주고 싶은 글을 읽고 요약했다.

"플로깅하면서 주운 것 중에 제일 많이 나온 쓰레기를 알려 주는 건 어때요?"

프로젝트 발표 일정이 3주 전에 공지되었지만 나는 준비 없이 시간만 보내고 있었다. 프로젝트 전날이 되어서야 주제를 고민하는데 지훈이가 아이디어를 주었다.

가족들 앞이지만 거창하게 프로젝트라는 이름으로 자리를 준비해 놓으니 다들 부끄럽고 떨리는 모양이었다. 첫 발표자는 지훈이다. A4용지 3장을 붙여 거미의 생김새와 특징, 타란튤라와 공작거미 그리고 호랑거미에 대해 발표했다. 서빈이는 남방공작나비와

호랑나비를, 유진이는 발표 제외자였지만 자신만의 이야기를 준비해 참여했다.

"우리가 플로깅할 때 제일 많았던 쓰레기는 세 가지였어. 첫 번째는 플라스틱, 두 번째는 종이컵, 세 번째는 담배꽁초. 미국 어느해변에서 어미 새가 아기 새에게 먹이를 주는 모습을 사진으로 찍은 사람이 있었어. 근데 나중에 보니 그 먹이가 담배꽁초였대. 작은 담배꽁초는 산불을 일으켜 산에 사는 야생동물들이 다치거나목숨을 잃기도 하고, 바다랑 땅에 스며들어서 식물과 물고기들이담배 필터 속에 있던 미세플라스틱을 먹기도 해. 그러면 그 식물과 물고기를 먹는 우리도 결국 미세플라스틱을 먹게 되는 거야."
"폐에도 안 좋고, 자연에도 안 좋은데 담배 안 만들면 되잖아요!담배 그만 만들라고 담배 회사에 당장 편지 써요."

아이들의 바람대로 담배 회사에 보내는 편지를 썼다. 편지와 함께며칠 전에 주운 담배꽁초를 상자에 가득 담아 택배로 발송했다.아이들의 미래를 위해, 우리가 살아갈 지속 가능한 지구를 위해부디 기업에서 사회적 책임을 등한시하지 않았으면 좋겠다는 생각을 실천으로 옮겼다. 아이들이 기억하게 될 것은 물질이나 물건이아니라, 사람과 관계와 즐거움 속에서 배우는 것이 훨씬 더 많다고 생각하기 때문이다.

자신의 관심사를 가족들이 집중해서 들어주고, 질문에 답해 주는 게 즐거웠는지 매주 발표하고 싶다고 했다. 지훈이는 다음 주제를 먼저 정하고, 인터넷과 도서관에서 책을 대여해 적절한 내용을 발췌했다.

장수풍뎅이를 시작으로 헤라클레스 장수풍뎅이, 코카서스 장수풍뎅이, 코끼리왕 장수풍뎅이 등 한 종류씩 조사해 발표했고, 그이후에는 사슴벌레, 딱정벌레까지 관심사가 확장되었다. 지훈이는 주로 손수 그림을 그렸는데, 그리는 동안 각 장수풍뎅이의 특징이 머릿속에 각인되는 효과가 있었다. 열심히 그린 그림을 보여 주며 특징까지 자세하게 설명해 주었다.

'프로젝트 발표' 시간은 자신의 관심사뿐 아니라 다양한 주제를 자연스레 접하는 기회가 되었다. 발표가 끝난 후에는 자신의 파일에 자료들을 저장해 몇 번이고 꺼내 보며 뿌듯해하는 아이들의 모습을 보면서 '즐겁게 배울 수 있는 방법'이 무한하다는 것을 깨달았다.

Tip.
글을 모르는 아이들은 집에서 흔히 볼 수 있는 사물을 활용해 발표할 수 있어요. 자신이 알고 있는 내용을 설명하는 것만으로도 머릿속을 정리할 수 있어요.
발표 후에는 질문 시간을 가져요. 질문 시간은 아이들이 자신의 관심사를 더 깊이 관찰하고, 다음 발표를 더 열심히 준비하게 하는 효과가 있어요.

물건의 가치

"어머니, 친구들이 집에 오면 프리마켓 할 수 있어요?"
"자기 물건을 사고파는 거야? 너무 재미있겠다. 그럼 어머니가 이모한테 프리마켓 가능한지 먼저 물어볼게."

날마다 새로운 생각을 떠올리는 아이들이 그저 신기할 따름이다. 귀여운 세 친구가 집에 놀러 오기로 했다. 필요하다고 샀지만 사용하지 않는 물건, 오래된 장난감, 많이 가지고 있는 필기구를 꺼내 왔다. 어느새 우리 집은 프리마켓 종이 현수막이 큼지막하게 내걸린 근사한 장터로 변해 가고 있었다. 친구들이 오기 전까지 자기 자리를 미리 정해 보고, 로운이를 물건 삼아 팔아보기도 했다.

"로운이 사세요. 로운이 사세요. 엄청 귀여운 아기 있어요."
"어머니, 내가 만든 공룡 스티커 팔릴까요?"
"뭐가 제일 먼저 팔릴까요?"
"우리는 팔 게 많이 없네요. 친구들은 어떤 물건을 가지고 올지 궁금해요."

우리 집에서는 인기 만점인 지훈이표 스티커를 친구들에게도 빨리 팔고 싶은 모양이다. 프리마켓을 할 생각으로 모두 들떠 있었다.

"내가 만든 스티커야. 이거 어때?"

"나는 그거 말고 변신 로봇 가지고 싶은데…."

"그래? 그럼 로봇이랑 네가 만든 팽이랑 바꿀까?"

"팽이는 다른 거랑 바꾸고 싶어."

준비한 물건을 다 팔고 싶지만 마음처럼 잘 안 팔렸다. 가지고 있던 로봇은 겨우 협상에 성공해서 팔았고, 지훈이표 핸드메이드 스티커도 다른 물건이랑 함께 덤으로 팔았다.

"어머니, 물건을 사는 건 쉬운데 파는 건 쉽지 않네요."

"이제 물건을 함부로 사면 안 되겠어요. 이게 다 돈이잖아요."

짧은 시간이지만 거래와 협상을 통해 물건과 돈의 가치를 배우는 시간이었다. 소유보다 존재, 만족보다 절제와 감사, 경험보다 가치를 소중히 여기는 시간이 되었기를 바란다.

Tip.

우리 가족은 한 달에 한 번 가족 프리마켓을 열어요.

프리마켓을 준비하며 각자의 옷장을 정리하는 날이기도 해요. 서빈이의 작아진 원피스를 단돈 500원에 팔기도 하고, 로운이가 먹지 못하는 막대사탕을 내놓기도 해요. 엄마가 사용하지 않는 선글라스를 살 수도 있지요.

청소도 하고 물건 파는 재미까지 느낄 수 있답니다.

지구 한 모퉁이 청소

코끝을 스치는 봄바람이 상쾌하다. 킥보드를 타고 다니던 아이들이 어느새 자전거를 타고 달리며 나와 보조를 맞춘다.

"어머니, 여기 쓰레기 있어요."
"어디?"
"전봇대 뒤에 생수병이에요."
"어머니, 내가 가서 주울 거예요. 줍지 마세요."

바이크를 탄 로운이가 내 앞을 '쌩'하고 달려 나간다. 쓰레기 줍기를 태교로 해서인지 '엄마', '맘마'라는 말보다 '집게'라는 단어를 제일 먼저 말한 로운이는 외출 길에 언제나 자기 키보다 더 기다란 집게를 들고 나선다.

코로나19 이후로 환경에 대한 관심이 높아지면서 플로깅이 대중화되기 시작했는데, 우리 가족은 올해로 11년째 쓰레기 줍기를 이어가고 있다. 걸음마 하던 지훈이와 쓰레기를 주워 휴지통에 골인시키는 놀이를 했던 게 플로깅의 첫 시작이다.

맨손으로 쓰레기를 주워도 괜찮던 시절이지만, 세월만큼 플로깅 도구도 차츰 변했다. 일회용 장갑과 비닐봉지를 사용해 쓰레기를 주웠지만, 이 또한 쓰레기를 만드는 것이라 생각했다. 그래서 다회용 장갑이나 집게, 비닐 대신 에코백, 폐현수막으로 만든 가방 등을 사용해 재사용할 방법을 궁리했다.

모래놀이를 좋아하는 아이들과 함께 찾은 바닷가에서 해변 청소를 하기도 한다. 파도에 마모된 유리 조각은 주워 와 깨끗하게 씻은 후 아이들과 작품으로 만든다.

쓰레기를 담을 가방과 집게만 있으면 어느 곳에서든 할 수 있는 플로깅 덕분에 저절로 환경 감수성이 높은 아이들로 변해 갔다. 종이, 물, 전기를 소중하게 사용해야 하는 이유를 알아 가고, 작은 곤충과 풀벌레와 나무와 더불어 살아가기 위해 우리가 노력해야 할 일을 찾아보기도 한다. 나 역시 집에서 나오는 쓰레기를 줄이기 위해 노력하고, 소비를 줄이고 물건을 더 오래 사용하는 방법을 실천하고 있다.

Tip.

처음에는 쓰레기 줍기가 어색할 수 있어요. 그럴 때는 지역 단체나 환경 단체의 활동에 참여하는 방법도 있어요.

우리 가족은 한 달에 하루 '별이 빛나는 날'을 보내요. 저녁 8시부터 30분간 전자기기 사용을 중단하고, 소등해요. 촛불 하나로 밤을 밝혀 생활해요. 어둠을 무서워하고 불편해하던 아이들이 이제는 말하지 않아도 알아서 콘센트를 뽑고, 전등 스위치를 끄고 다닌답니다. 작은 경험을 통해 전기의 소중함을 알게 되었어요.

나는 홈스쿨링하는 엄마로 살기로 했다

part 4

어머니 꿈은 뭐예요?

인생은 미로 같아요

이지훈

인생은 꼭 미로 같아요

길이 있다고 생각하면
가고 싶은 길을 만들 수 있고

길이 막혀 있다고 생각하면
도저히 갈 수 없는 것 같아요

아이들과 단순하게 살기

"어머니, 우리는 부족하지도 않고 넘치지도 않고 어떻게 딱 알맞게 살 수 있어요? 아버지, 어머니께 그 비법을 배워야겠어요. 커서 혼자 살아가려면 꼭 배워야 할 것 같아요."

마늘밭 잡초를 뽑느라 며칠 장을 보지 못해 간단히 김칫국을 끓여 아침상을 냈다. 뜨끈하고 칼칼한 김칫국을 한 수저 뜬 지훈이가 입을 열었다. 지훈이의 말 한마디에 감동과 감사함이 목구멍을 타고 넘어 들어갔다.

부모라면 누구나 부족하지 않게 아이를 키우고 싶은 마음이 있다. 하지만 나는 아이들에게 풍족하고 넘치는 환경 속에서 물건의 풍족함을 주기보다는 넘치는 사랑을 주고 싶었다.

결혼 전의 나는 비싸고 새로운 물건이 좋은 것이라는 생각을 고집했다. 소유한 물건은 곧 나를 나타내는 명함이라 생각했기 때문이다. 한정판으로 나온 가방이나 지갑을 갖게 될 때 행복함을 느꼈다. 처음엔 한 달쯤 행복했다. 그러나 그다음에는 일주일, 그다음에는 며칠, 몇 시간으로 행복의 유효 기간이 서서히 짧아졌다. 허전한 마음을 물건으로 채웠지만 그리 오래 가지 못한다는 걸 알게 되었다.

물건을 관리하는 일로 에너지를 뺏겼고, 아끼는 물건으로 인해 신경이 곤두설 때가 잦았다. 가령 고가품 가방에 아이가 음료수를 흘리면 화가 났고, 새로 장만한 원피스에 놀이터 모래가 묻을까 봐 함께 뛰어놀지 못했다. 비싸게 구매한 그릇은 아이가 깰까 봐 싱크대 안에서 자리만 차지하고 있었다. 아이들과 함께하는 모든 순간은 지나가면 다시는 돌아오지 않는다는 걸 알면서도 물건들 때문에 그 시간을 충분히 즐기지 못했다.

사람의 생활 방식이나 사고방식은 웬만해선 변하지 않지만, 나는 간절하게 변하기를 바랐다. 당장 내가 할 수 있는 일은 무엇일까 생각해 보았다. 아이가 학령기에 들어서기 전까지는 아이들과 시간을 보내고 싶었기에 당장 일자리를 구하거나 파트타임으로 일하기는 무리였다.

오래된 아파트에서 시작한 신혼집을 거쳐 15평 작은 아파트로 이사했다. 이사를 준비하면서 잘 사용하지 않는 물건은 중고 거래를 했다. 물건을 정리하면서 깨달았다. 내가 영양가 없는 수다를 떠느라 시간을 허비하고, 커피 한 잔 마시고, 한턱내며 기분을 내는 동안 남편은 땀을 흘리며 일하고 있다는 사실. 누군가는 혼자서 아이들을 돌보는 나를 보며 독박 육아로 힘들겠다고 토닥이고 위로하지만, 그 말을 바꾸어 생각하면 그 시간에 남편은 혼자서 일하는 독박 잡(job)을 하는 셈이었다. 고마웠고, 미안했다. 나는 달라져야만 했다. 중고 거래로 수중에 들어온 돈은 적은 금액이었지만 허투루 쓰지 않기 위해 차곡차곡 통장에 모았다.

꿈의 통장이었다. 가정의 생계를 책임져야 하는 남편 어깨의 짐을 덜어 주고 싶었다. 우리 가족, 남편의 꿈을 위해 언젠가 쓰일 돈이었다. 푼돈으로 시작한 돈이 모이기 시작하니 남편의 몇 달 치 월급에 맞먹는 금액으로 불어났다.

돈 모으는 재미를 느낄 수 있었다. 부자가 된 듯한 착각마저 들었다. 필요 없는 물건은 사지 않았고, 가끔은 사고 싶어도 사지 않았다. 아이들은 헌 옷을 물려 입었고, 식당에서 친구들을 만나는 대신 집으로 초대했다. 생각을 바꾸니 모든 것이 즐겁고 신기한 경험이 되었다. 이런 사소한 생활 습관 덕분에 검소함이 몸에 배고, 돈도 절약할 수 있었다. 가계부를 꾸준히 적으며 최저 생활비를 유지하는 습관 덕에 수입이 늘지 않아도 저축할 금액이 늘어났고 돈으로부터 자유로워졌다.

아이들은 한 명에서 네 명으로 늘었지만, 물건을 더 늘리지 않도록 신경 썼다. 아차 하는 순간에 불필요한 물건으로 가득 찬 집을 만들고 싶지 않았다. 물건에 휘둘리지 않기 위해 비우고, 정리했다.

가족 모두 계절마다 입을 옷 세 벌만 남겨 사복의 교복화를 실천해 보기로 했다. 봄과 가을에 입는 옷은 항상 일정했고, 코트와 겨울 외투 두 벌만 남겼다. 문을 열면 쏟아질 듯하던 옷장이 가벼워졌고 비운만큼 내 마음에도 여유가 생겼다. 흙과 먼지로 매일 세탁해야 하는 아이들 옷은 활동하기 편안한 옷, 외출복 한 벌, 그리고 활동이 많아 수선해서 입어야 하는 상황이 잦았기에 여유 옷

한 벌을 골랐다. 그리고 마지막으로 아이가 좋아하는 옷을 한 벌 고르게 해 총 네 벌만 남기고 아이들 옷장도 비워 냈다.

그러자 매일 아침 옷을 고르던 아이의 투정이 사라졌다. 아이들은 어렸지만 자신이 가진 옷을 깨끗하게 입는 법, 끝까지 입는 법을 저절로 배워 나갔다.

장난감 선물은 생일과 크리스마스 때 받을 수 있고, 장난감 하나를 선물 받거나 사면 기존에 가지고 있던 장난감 세 개를 버린다는 규칙도 정했다. 대부분 지인에게 물려받거나 선물 받은 장난감이라 그중 세 개를 버리는 일은 힘들지 않았다. 이런 규칙만으로도 아이들은 자신에게 꼭 필요한 물건인지 아닌지 여러 번 생각하고 선물을 정했다.

적당한 결핍은 우리에게 무엇이 더 소중하고, 무엇이 더 감사한지 깨닫게 해 준다. 달콤한 아이스크림을 좋아하는 아이들이 가장 행복해하는 시간은 '아이스크림 먹는 시간'이 아니라 '아이스크림을 기대하는 시간'이라는 걸 단순한 삶을 통해 알게 되었다.

빵 굽는 남자

잔뜩 기대를 품은 채 뜸을 들이는 아이의 입만 바라보고 있었다.

"아버지, 이 빵은…."
"왜 맛이 어떤데?"
"빵집에서 사 먹는 것보다 더 맛있어요. 그런데…."
"그런데?"
"빵 냄새가, 양말 며칠 안 빤 냄새가 나요."
"진짜네. 양말 맛이 나네."
"뭐? 유진이 너 양말 먹어 봤어?"

쿰쿰한 냄새가 나는 통밀빵을 먹으며 우리는 웃었지만, 남편은 침묵하며 생각에 잠겼다. 며칠 뒤 남편은 문화센터 홈베이킹 수업에 등록했다. 빵을 좋아하는 서빈이에게 빵을 만들어 주기 위해 제대로 배워 보고 싶다는 이유에서였다.

목요일에 한 번 저녁 수업이었고, 예상했던 대로 남자 수강생보다 여자 수강생이 많았다. 4인 1조 수업에서 청일점이었던 남편은 달걀흰자로 거품을 만들 때 실력을 발휘했다. 목요일 저녁이면 남편을 배웅하는 아이들의 목소리가 평소보다 몇 배는 더 커졌고, 금요일 아침이면 어떤 빵을 만들어 왔을지 기대하며 하루를 시작했다.

이런 남편은 마을에서 좀 이상한 남자 취급을 받는다. 가끔 동네 남자들이 술 한잔하자고 권할 때가 있는데, 그럴 때마다 집에 가서 저녁 준비해야 한다며 거절하기 때문이다. 농사를 짓는 것도 아니고, 특별한 직업이 있는 것도 아닌데 저녁 술자리에 참석하지 않는다. 남편과 비슷한 나이대의 마을 청년들은 남편의 이런 반응에 꽤 충격을 받은 것 같았다. 도시에서는 개개인의 삶을 다 들여다볼 수 없지만, 시골은 지금도 옆집 숟가락이 몇 개인지 다 아는 분위기라 동네 사람들이 남편의 이런 모습에 적응하기까지 꽤 시간이 걸렸다.

결혼 처음부터 그랬던 건 아니다. 남자는 돈을 벌고, 여자는 아이를 키우고 일까지 하면 좋겠다고 생각하는 보통의 사람이었다. 그랬던 남편이 퇴사 이후 홈스쿨링을 하며 가족들과 시간을 함께 보내면서 태도가 바뀌었다. 행복한 어린 시절이 행복한 어른을 만들 수 있다는 생각을 하게 되었고, 가족들과 보내는 시간을 무엇보다 중요하게 여기게 되었다.

영천에 와서 남편은 글쓰기 모임에 참석했는데, 평일 오전이라 남자가 자기 혼자뿐이라며 수업받는 일이 힘들다고 할 정도였다. 독서 모임에서 강의를 들으러 간 곳에서도 남자는 거의 찾아볼 수가 없었다. 하지만 남편은 서서히 여자 무리 속에서 적응하는 법을 배워 갔고, 생각의 틀이 서서히 변해 갔다.

우리 사회에는 남자는 파랑, 여자는 분홍, 남자아이 장난감은 자동차나 기차, 여자아이 장난감은 인형이라는 생각이 압도적이다. 아이를 낳기 전에는 우리 문화에 이렇게나 일찍부터 '남자와 여자는 이렇게 해야 된다'라는 이분법적 사고가 심어져 있는지 깨닫지 못했다.

우리 부부는 아이들에게 여자니까 요리하고 집안일하고 아이를 돌봐야 하고, 남자니까 돈을 벌어와야 한다는 식의 성 역할을 강요하지 않을 생각이다. 우리부터 성 역할에서 벗어난 삶을 추구하고, 이를 아이들과 공유해 나갈 계획이다.

어머니 꿈은 뭐예요?

"와~ 김자반 진짜 맛있어요. 입에서 살살 녹아요."

"정말? 지훈이 입맛에 맞아서 다행이네."

"어머니, 어머니는 아버지랑 결혼 안 하고 우리 안 낳았으면 어떤 사람이 됐을 것 같아요?"

"글쎄 뭐가 되었을까?"

"제 생각에 어머니는 세계 최고의 요리사가 됐을 거예요. 어머니가 해 주는 음식은 너무너무 맛있어서 둘이 먹다가 한 명 죽어도 모르는 맛이거든요."

네 아이의 엄마지만 사실 요리하고는 거리가 멀다. 그런데 아이들은 밥을 먹을 때마다 늘 맛있다며 내 요리를 칭찬한다. 프라이팬에 휘리릭 볶은 김자반을 그릇에 담는데 옆에서 나를 물끄러미 지켜보던 지훈이가 물었다.

"어머니는 나중에 커서 뭐가 되고 싶어요?"

"어머니는 벌써 다 컸는데?"

"어머니가 이루고 싶은 꿈은 뭐예요?"

"어머니는 열네 살 때부터 결혼하면 아이 셋을 낳고 싶었는데, 세 명에다가 한 명 더 낳아서 네 명이 됐으니깐 꿈이 이루어졌어."

"그 꿈은 이뤄졌으니깐 다른 꿈은요? 어머니 꿈은 뭐예요?"

진지하게 물어보는 지훈이의 말에 나는 무엇인가 중요한 걸 놓치고 있다는 느낌이 들었다. 아이들이 자라는 동안 그 순간을 함께 보내고, 남편의 꿈을 찾아 주기 위해 선택한 시간이었지만 정작 그 꿈이 나의 꿈이었나 생각에 잠겼다. 지훈이의 질문은 내 마음 깊은 곳까지 와 닿았다. 아이 눈에는 내가 엄마이기도 했지만, 얼마든지 나의 삶을 살 수 있는 존재로 보였던 것이다.

지금 나를 둘러싼 모든 상황이 감사하고 당연한 것이기에 '나의 꿈'을 전혀 생각하지 못했는데, 지훈이가 큰 깨달음을 던져 주었다. 나는 엄마이기도 하지만 동시에 한 명의 인간이며, 아직 나의 미래는 정해지지 않았다는 것을 미처 몰랐다. 지금이라도 새로운 꿈을 마음껏 꾸어도 된다는 사실에 심장이 이리저리 날뛰었다.

'난 뭘 할 때 가슴이 두근거렸더라?'

언젠가 꿈꾸었지만 잊고 지내던 일에 생각이 닿았다.

나에게는 아이들이 크고 난 뒤에 기회가 된다면 우리 이야기를 담은 책을 내고 싶은 바람이 있었다. 길 위를 떠도는 가여운 동물들을 보살펴 주고 싶은 마음도 있었다. 마음으로 낳은 아이를 백명쯤 품고 싶은 꿈을 가졌던 적도 있다. 그러나 그 모든 꿈에는 '언젠가', '기회가 된다면'이라는 조건이 붙어 있었다. 아직 무엇 하나 이루어 낸 것은 없지만 상상만으로도 가슴이 두근거렸다. 가족과 함께하면서도 내 삶을 누려야 할 이유를 찾아보고 싶다는 생각이 들었다.

지훈이가 질문하던 날, 나는 변하기로 했다. 꿈만 꾸지 말고 꿈을 이루는 삶을 사는 모습을 보여 주기로 결심했다.

새벽을 만나고 갓생 살다

집안일과 육아로 에너지를 소진하고 난 뒤 보내는 나만의 시간은 그저 시간 때우기였다. 피곤하지만 쏟아지는 잠을 이겨 내며 시간을 보냈다. 혼자 있고 싶다는 생각은 변함없이 내 안에 있으니깐. 엄마인 나에게도 시간이 필요하고, 그래야 한다고 생각했다.

"띠리리~"

남편의 알람 소리에 잠이 깼다. 새벽 4시. 더 자고 싶은데 알람 소리에 뒤척이다 보니 쉽게 잠들지 않았다. 아이들 이불을 덮어 주느라 밤새 몇 번이나 깼는데 알람 소리가 나를 괴롭힌다. 한참을 뒤척이다가 남편을 따라 나왔다.

"새벽에 일어나서 뭐 해?"
"독서 중이지. 이왕 일어났으니 당신도 책 좀 읽어. 일찍 자고 새벽에 일어나 봐."

피곤함과 짜증이 묻어난 목소리로 남편에게 쏘아붙였다. 남편은 나를 힐끗 보더니 읽던 책으로 눈을 돌리며 말했다. 요즘 '미라클 모닝'이 유행이라지만, 밥하고 빨래하고 아이들이랑 시간 보내느라 하루가 부족한 나에게 잠까지 줄이라는 소리로 들렸다. 아이들을 재우고 난 이후의 시간은 유일한 휴식 시간인데, 그 시간마저 포기하고 새벽에 일어나라는 남편의 말이 야속하게 들렸다. 나를 위한 시간마저 뺏기는 것 같은 그런 기분이었다. 화가 나다 못해 눈물까지 나올 지경이었다. 그런 속상한 마음을 알 길이 없는 남편은 늦잠 자고 부스스하게 일어나는 나를 볼 때마다 함께 새벽에 기상하자고 말했다.

어느 날, 남편의 알람 소리가 울리기도 전에 눈이 떠졌다. 새벽 3시 반. 멀뚱멀뚱 누워 있다가 다시 잠들기 어려울 것 같아 이불을 박차고 일어났다. 특별히 할 일이 없어 책을 집어 들고 조용히 앉았다. 정말 읽고 싶었던 책인데 읽을 시간이 없어서 도서관에서 세 번째 대출해 온 책이었다. 얼마쯤 지났을까. 거실로 나온 남편이 나를 보며 깜짝 놀랐다.

"오늘 무슨 일 있어? 왜 이렇게 일찍 일어났어? 드디어 새벽에 일어나는 거야?"
"아니. 자다가 깼는데 잠이 안 와서."

혼자만의 새벽이 아니라 함께해서 더 힘이 난다는 남편의 말에 괜스레 투덜거리며 책으로 눈을 돌렸다. 새벽은 고요했으며, 모든 것이 충만했다. 창문 너머로 들어오는 달빛과 무수히 반짝이는 별들의 에너지가 오직 나만을 위해 존재하는 듯했다. 그렇게 새벽과의 만남이 시작되었다.

#1 새벽을 만나다

남편의 알람은 곧 나의 알람이 되었다. 따뜻하게 데운 물 한 잔을 마신 뒤 책을 펴고 앉았다. 아침을 여는 데 독서만큼 좋은 것도 없다고 생각했다. 왜 진작 새벽 시간을 활용하지 못했는지 아쉬웠지만, 한편으로는 아침 시간을 통해 변화될 나의 모습이 기대되었다. 책 한 권만 읽은 사람이 가장 무섭다고, 새벽 기상 하루 했다고 뭐든 할 수 있을 것 같은 기대감으로 가득 찼다.

육아하는 엄마라 할 수 없었던 일들을 새벽 시간에 시도해 보기로 했다. 못 할 게 없었다. 뭐든 이뤄 낼 수 있을 것만 같았다. 새벽 기상을 하는 날이 늘어날수록 책 읽는 데 가속이 붙었다. 원하는 삶으로 채워 간다는 마음으로 책장을 넘겼다. 완독한 책 목록이 늘어 갔지만, 책을 읽은 권수만큼이나 피로도 쌓였다. 게다가 책을 읽으려고 앉았다가 휴대폰을 보거나 멍하게 앉아 있기도 했다. 그때쯤 『도덕경』 필사 모임이 눈에 띄었다. 톨스토이는 자신에게 영향을 많이 끼친 사상가로 노자를 들기도 했는데 그 내용이 무엇인지 궁금했다. 내 손으로 꾹꾹 눌러쓰며 오천 자에 담긴 도덕경의 진리를 파헤쳐 보기로 했다.

잠들기 전, 머리맡에 『도덕경』과 공책, 새벽 시간에 읽을 책을 미리 준비해 두었다. 새벽에 일어나서는 한석봉이라도 된 듯 한자 한 획 한 획을 정성스레 적었다. 예상 시간 30분을 훌쩍 넘기고 한 시간 가까이 필사했지만, 그 내용은 이해하지 못했다. 이해하지 못

하면 적는 게 무슨 소용이 있을까 싶으면서도 수박 겉핥기식의 공부는 하고 싶지 않아서 계속해서 노자와 함께 새벽 시간을 보냈다. 81일간 노자와 만났던 시간이 거의 끝날 무렵이었다.

의욕이 넘치던 처음과 달리 마음이 해이해져서 기상 시간이 점점 늦어졌다. 마음의 문제였다. 정신없이 바쁜 순간에도 내가 원하는 일이 무엇인지에 대한 고민으로 머릿속이 가득 찼다. 새벽은 내가 잘할 수 있는 일을 하고, 내가 잘하지 못하는 모든 것을 도전해 보는 시간이었다. 어제의 나와는 다른 내가 되고 싶었다. 오롯이 나를 알아 갈 수 있는 시간이 새벽이라는 확신이 생겼기에 새벽 시간을 포기하고 싶지 않았다. 그러면서 새로운 사실을 발견했다. 목표와 우선순위를 명확하게 정하는 것이 무엇보다 중요하다는 것을.

#2 변화를 마중 나가다

"어머니~ 굿모닝!"

넷째 로운이가 반쯤 눈을 감고 부스스한 채로 방문을 열고 나왔다. 아직 더 자야 할 시간인데 나의 체온이 느껴지지 않아서 일어난 듯하다. 밖은 여전히 어둠에 싸여 있다. 5시가 채 되지 않았다. 읽고 있던 책을 오늘까지 다 읽으려고 계획했고, 운동도 해야 하는데 마음이 급해졌다. 시계와 남편을 번갈아 쳐다봤다.

남편은 로운이를 전혀 신경 쓰지 않고 책에 빠져들었다. 코로나19가 유행하기 이전부터 아이들과 철저하게 거리 두기를 하는 남편에 대한 섭섭한 마음, 너무 일찍 일어난 로운이를 다시 재울까 하는 마음으로 내적 갈등이 일어났다.

"로운이 그림 그릴까?"
"아뇨. 책 읽어 주세요. 이 책이랑 자동차 책."

중장비 자동차에 빠진 세 살배기 로운이는 설명이 가득한 자동차 백과를 내밀었다. 포기라고는 모르는 로운이와 아침부터 실랑이를 벌이며 힘을 빼고 싶지 않았다. 마음을 접고 책을 읽어 주었다. 로운이는 다른 책을 한두 권 더 가져오더니 스스로 보기 시작했다. 드디어 혼자만의 시간을 가지게 됐다며 책을 펼치는데, 지훈이와 서빈이가 차례로 방문을 열고 나왔다. 아이들이 나만의 시간을 방해하고 있다는 생각에 마음이 찌푸려졌다.

'지금 이 순간 나에게 제일 중요한 것은 무엇일까?'

내 삶의 1순위는 아이들과 남편이다. 내가 아이들을 키우는 것이 돈을 버는 일이고 내가 할 일이라 생각하며 육아를 시작했다. 그러니 20년 동안은 가정 돌보는 일에 힘쓰기로 했으니 새벽을 함께 나눠 쓰는 일에 너그러워지자며 마음을 다잡았다. 너무 당연한 일이라 종종 잊어버리곤 했는데, 삶의 우선순위를 다시 생각하고 나니 한숨 쉬던 내 마음도 편안해졌다.

아침 인사를 나누고 책으로 눈을 돌렸다. 두 아이도 조용히 곁에 앉았다. 지훈이는 종이를 가져와 곤충 그림을 그리기 시작했고, 책장 앞에서 이것저것 뒤지던 서빈이는 그림책을 여러 권 챙겨 로운이에게 읽어 주었다. 사부작거리는 소음이 있었지만 전혀 방해되지 않았다. 모두 깊은 자기만의 세계로 빠져들었다.

깨우지 않아도 6시면 일어나는 시골 아이들이었지만, 새벽을 함께 보낸 그날 이후 아이들의 기상 시간이 점점 빨라졌다. 생각을 더듬어 보니 제일 늦게 자고 가장 늦게 일어나는 나를 제외하고는 모두 새벽 기상을 하고 있었다.

저녁 먹을 때쯤이면 모두 눈에 잠이 붙어 있다. 더 놀고 싶고 각자 할 일이 있지만, 아이들은 잠 때문에 포기한 저녁 일상이 더 좋은 아침을 가져다준다는 사실을 알아 가고 있다. 이런 과정을 통해 스스로 하루를 책임지는 법을 배우고 있다. 수면이 부족하다고 느끼는 날에는 초저녁에 잠이 들기도 하고, 충분히 잠을 잔 다음 날에는 최상의 컨디션으로 하루를 보내기도 한다.

동이 일찍 트는 봄부터 여름을 지나 가을까지는 아이들이 5시 이전에 일어나 이른 아침을 시작하고, 밤이 길어지는 겨울에는 기상 시간이 늦어진다. 하지만 어김없이 일찍 일어나는 지훈이와 때때로 일찍 일어나는 아이들 속에서 우리 가족의 새벽 기상은 꾸준하게 이어지고 있다.

"어머니, 새벽에 일어나서 해야 할 일을 미리 하니깐 자유로운 시간이 더 늘어나는 것 같아요."
"맞아. 그리고 하루가 길어진 느낌이에요."
"그런데 너무 일찍 잠이 와요. 책도 읽고 싶고 더 놀고 싶은데, 내일 일찍 일어나서 해야겠어요."
"어머니, 먼저 잘게요. 굿나잇."

새벽은 가족 모두에게 자신을 알아가기 더없이 좋은 시간을 선물해 주었다.

#3 건강을 채우다

마흔이 넘으면 근력의 힘으로 살아간다고 했다. 꿀이 뚝뚝 떨어지는 사과 반쪽을 아작아작 씹어 먹으며 새벽 4시의 문을 열었다. 추운 겨울이지만 아령을 들고 줄어든 근육을 키우기 위해 홈트에 매진했다.

땀을 흘리며 시작하는 아침은 육아로 방전되기 전에 에너지를 나에게 먼저 가득 채워 넣는 시간이다. 움직일 때마다 근육통이 느껴지지만 마냥 아프지만은 않다. 오히려 근육통이 느껴질 때마다 살아 있다는 느낌이 든다. 아이들과 함께 지내면서도 나에게 몰입할 수 있는 새벽의 행복과 성취감을 절대로 나중으로 연기하고 싶지 않다. 지금을 즐기고 싶다.

"어머니~ 운동하면 어때요?"
"나도 아령 하나 주세요. 같이 해요."

매일 아침 이뤄 내는 작은 성취감으로 나의 행복과 가족에 대한 사랑이 커져만 간다. 가족을 위해 끊임없이 일하며 희생한다는 마음 대신 마음의 근력을 키워 나를 돌보기로 했다. 엄마인 내가 나를 찾기 시작할 때 가족을 위해 더 웃을 수 있으며 마음에도 여유가 넘쳐났다. 그런 점에서 새벽 기상은 몸과 마음이 건강해지는 가장 현실적이고 실제적인 지름길이 되고 있다.

#4 긍정의 돋보기

"나는 나를 사랑한다.
나는 뭐든지 할 수 있다.
나는 자신감이 넘친다.
오늘도 행복한 하루를 선택한다. 감사히 잘 먹겠습니다."

아침밥을 앞에 두고 우리 가족만의 긍정 확언을 외친다. 아이들이 클수록 일거수일투족에 다 관여할 수 없고, 살면서 만나는 문제를 일일이 해결해 줄 수도 없다. 그럴 때는 문제를 바라보는 시각을 조정해 주어야 하는데, 여기에는 감사의 힘이 크다.

말은 지금만을 위한 도구가 아니라 심긴 씨앗과 같아서 나중에 꼭 열매로 돌아온다고 생각한다. 사랑의 말 씨앗을 심으면 사랑의 열매가 맺히고, 불평과 비난의 씨앗을 심으면 그러한 열매가 맺힐 것이다.

부정적인 감정의 나락으로 빠지는 걸 예방해 주는 것도 부모의 역할이 아닐까 한다. 생활의 작은 부분도, 이웃으로 받은 호의도, 자연에 관해서도 부모가 먼저 입술을 움직여 표현해야 한다. 감사의 소리를 들어야 아이들도 무엇을 감사하고 어떤 방법으로 감사해야 하는지 알 수 있다.

감사는 감사를 낳는다더니, 아이들은 가끔 엉뚱한 데서 감사함을 말한다. 밥 먹은 그릇을 치우다가 로운이가 국물이 가득 담긴 국그릇을 그대로 떨어뜨려 부엌을 엉망으로 만들어 버렸다.

"아~ 그래도 고맙고 감사하다."

옆에서 지켜보고 있던 유진이의 말에 가족 모두 한바탕 웃었다. 언젠가 물이 가득 한 잔을 쏟은 유진이에게 물청소를 하면 되겠다며 안 다쳐서 다행이라고 했던 말을 그대로 따라 한 것이다.

감사의 힘은 결과가 당장 눈에 보이지 않는 장기 프로젝트다. 콩나물시루에 물을 부으면 다 빠져나가서 아무 소득이 없는 것 같지만, 길게 보아야 한다. 작은 묘목이 울창한 나무가 되는 상상을 하며 오늘 하루 내가 한 한마디가 아이의 인생에 어떤 영향을 끼칠 것인지 생각해야 한다. 그러면 감사와 긍정의 말을 하지 않을 수 없다.

앞으로 수많은 삶의 문제를 만나게 될 아이들이 감사로 무장되길 바란다. 어떤 상황에서도 긍정의 돋보기가 있다면 어려움을 부드럽게 넘기고 그 경험으로 더 지혜로운 사람이 되리라 믿는다. 날마다 영양제를 먹는 것처럼 아이들 마음에 있는 긍정의 돋보기가 두꺼워지도록 매일 감사함을 키워 나가는 일도 잊지 않는다.

"어머니는 우리 가족 모두 건강하고 여전히 서로 사랑할 수 있어서 감사해. 우리 주변에 좋은 사람이 더 많고, 우리를 생각하고 아껴 주는 사람이 더 많아서 고마워.”

감사할 수 없는 상황에서도 감사의 이유를 찾고 아이들이 들을 수 있도록 자주 감사하다고 말한다. 잠자리에 들기 전에는 오늘 감사한 일 세 가지씩 말하는 시간을 가진다. 처음에는 감사한 일 찾기를 힘들어하던 아이들이 이제는 사소한 일에도 감사하다는 말을 한다.

'감사'의 힘은 생각하는 것보다 훨씬 강하다. 긍정의 언어와 사랑의 말이 거대한 힘으로 열매를 맺어 세상을 살아가는 데 큰 지지대 역할을 하리라고 생각한다.

“어머니가 제 어머니라서 자랑스러워요. 어머니 아들로 태어나서 너무 행복해요.”

사랑의 말 씨앗을 심는 아이들 덕분에 오늘도 나의 긍정 돋보기가 두꺼워지고 있다.

나를 성찰하게 하는 독서

한 사람의 일생만큼이나 오래된 씨간장이 귀한 대접을 받듯이 나의 책꽂이에도 묵혀 놓은 책이 가득했다. 당장 읽지도 않을 책을 사서 책장 빼곡히 채워 넣는 일을 좋아했다. 키를 맞추어 나란히 늘어선 예쁘게 '장식된 책'이었다. 책 수집을 좋아했지만 시간이 없다는 핑계로 책은 점점 쌓여만 갔다.

그런 나와 다르게 아이들에게는 책 읽는 습관을 만들어 주고 싶었다. 내 무릎에 앉아 읽어 주는 책을 가만히 듣고 있는 아이의 모습을 상상했지만, 현실은 달랐다. 도서관 책장 사이를 오가며 숨바꼭질하는 아이를 데리고 나오기 바빴고, 결국 차선책으로 아이의 낮잠 시간을 이용해 도서관을 이용했다. 처음엔 어색하던 구연동화도 차츰 나아지면서 동화 속 주인공을 실감 나게 표현하게 되었다.

"어머니, 울고 있어요?"
"응. 책 읽다 보니 눈물이 나오네."
"저도 가슴이 뭉클했는데 어머니가 우니깐 저도 눈물 나요."

아이를 위해 읽기 시작한 그림책에서 인생의 조각들을 만났다. 긴 긴 소설보다 단 몇 줄의 시가 마음에 더 큰 동요를 일으키듯 그림책에서 의미 깊은 이야기를 발견할 수 있었다. 책은 그렇게 나를 위로해 주었고, 공감해 주었다. 그림책과 더불어 나를 위한 책들을 대출 목록에 넣었다. 제목에 이끌려 손이 가는 것부터 조금씩 읽어 나가기 시작했다. 아이가 잠든 시간에 몇 장을 읽었고, 아이가 혼자서 그림책을 넘길 때 함께 책을 읽었다.

하지만 반복된 임신과 육아를 하며 독서하기는 쉽지 않았다. 고작 몇 페이지 읽다가 멈추기를 반복했고, 대출해 온 책은 완독하지 못한 채 다시 반납하고 대출하기를 반복했다. 그렇게 책과는 담을 쌓는 삶을 살아가는 듯했다. 그랬던 내가 홈스쿨링을 고민하며 다시 도서관을 찾기 시작했다. 아마도 그렇게 빠른 시간 내에 많은 책을 읽은 것은 태어나 처음인 듯하다.

가족 명의의 대출증으로 홈스쿨링과 교육 관련 책들을 섭렵하기 시작했다. 책 속에서 해답을 얻을 수 있으리라는 기대감 때문인지 책 읽는 속도가 유난히 빨랐고, 잠을 자는 시간마저 아끼며 읽었다. 그다음에 관심을 가진 분야는 미니멀 라이프였다. 이미 집이 간소하게 변했지만, 미니멀 라이프를 주제로 쓴 책을 읽으며 심플함을 넘어 마음을 정화하고 있었다.

책을 읽는 것만으로도 사소한 일상이 행복해지는 기적을 맛보았다. 한 분야에 관해 관심이 생기면 관심 테마를 중심으로 비슷한 테마를 다루는 책을 하나하나 찾아서 읽었다. 그런 다음에는 그 책에서 추천하거나 혹은 그 책에서 참고한 도서를 찾아보았다. 그렇게 하나의 테마를 깬 뒤 다음 책으로 넘어갔다.

한 분야의 책을 100권 이상 읽으면 그 분야의 전문가가 된다는데 100권은 아니어도 최소한 10권 이상은 읽었다. '학창 시절에 책을 그렇게 읽었으면 내 삶이 달라지지 않았을까?' 하는 생각마저 들 정도다. 나의 관심사는 재테크, 심리학, 환경 분야 등 점점 확장되고 있다. 공부는 때가 있다고 하는데, 내겐 지금이 그때다.

나를 돌보는 일

"여보, 우리 회사가 수원으로 이사하게 됐어."

"그래? 그러면 다른 곳에 취직자리 알아봐야겠네?"

"요즘 워낙 불경기라 취직이 쉽지 않아서 아무래도 주말부부 해야 할 것 같아."

"기러기 아빠, 주말부부 같은 거 싫은데, 다른 일자리 알아보면 안 돼?"

신혼 초에 남편은 주말부부를 선언하고 수원으로 떠났다. 주말부부 2년 차에 들어서자 결혼 생활을 이어가는 게 무의미하게 느껴졌다. 때때로 밀려드는 풍요 속의 외로움은 나의 지난 시간을 되돌아보게 했다. 남편과 말다툼한 뒤 흥분해서 이리저리 날뛰는 감정을 잡지 못하던 모습이 떠올랐고, 육아하면서 내 안의 또 다른 나를 발견하며 깜짝 놀랐다. 아이들이 다툴 때도 끓어오르는 감정을 쉽게 가라앉히지 못했다. 어떠한 상황에서도 감정을 일정하게 유지하는 것이 얼마나 어려운 일인지 가정을 꾸리고 나서야 알수 있었다.

아이들과 보내는 시간이 늘어나면서 감정의 굴곡을 알아차리고 조절하는 일이 무엇보다도 중요했다. 아이들이 내 모습, 내 감정을 그대로 복사한다는 게 정말 무섭게 느껴질 때가 종종 있었기 때문이다. 요리조리 날뛰는 감정의 문제를 해결하고 싶어 감정 코칭을 받으며 내 안에 숨어 있는 분노와 상처를 이해해 보려고 노력했다. 순간의 감정에 휩쓸리지 않고 내면의 근육을 키우며 나를 돌보는 일을 게을리하지 않았다.

슬프고 괴롭고 고통스러운 감정이 찾아왔지만 나는 피하지 않고 그 감정들을 마주했다. 부족하고 못난 나를 이해하고, 그런 나 자신을 인정하기로 했다. 그럴 수밖에 없었던 내 삶과 상처를 인정하고 나니 차차 나를 사랑하는 방법을 알게 되었다.

아이와 남편을 나와 다른 존재로 인식하고 인정하니 더는 평가하지 않게 되었고, 있는 모습 그대로 바라보게 되었다. 한 발짝 떨어져 지켜보는 것만으로도 나는 평안해졌다.

내면의 목소리에 귀를 기울일 때 행복한 삶을 살 수 있다고 나는 믿는다. 나를 더 잘 알아 가는 일을 게을리하지 않는 것, 나를 더 사랑하는 것이 나를 행복하게 해준다.

여전히 부족한 존재라 모든 것이 서툴다. 지금 이 모습이 나의 완전한 모습이 아닌 성장하는 과정의 모습이라는 걸 잊지 않으려고 한다.

체력이 곧 육아력이다

사 남매의 삼시 세끼를 챙기고 해도 해도 끝이 없는 집안일을 하다 보면 체력이 쉽게 고갈되어 짜증이 나고 감정의 기복이 심해진다. 내 감정을 아이들에게 풀다 보면 아이들은 어느새 감정의 하수구 역할을 맡게 된다. 그런 상황은 의도치 않게 아이에게 상처를 주고, 내 마음까지 무너뜨린다. 미안함에 자책하지만 또 화를 내고 마는 사이클이 자연스레 이어지고 있었다.

로운이를 출산하고 백일이 지났을 때 우리 가족은 작은 시골 마을로 이사를 왔다. 앙상했던 이팝나무 가지에 하나둘 새잎이 돋아나기 시작할 무렵, 아침 운동을 시작했다. 운동을 오랫동안 하지 않았기에 동네 한 바퀴만 살살 뛰었다. 겨우 1~2분 달렸을 뿐인데 심장이 요란하게 뛰었고, 폐가 찢어질 듯 아파 왔다. 너무 힘들었다. 뛰다가 걷기를 반복하며 첫날 운동을 끝냈다. 온몸이 땀으로 젖어 있었다. 코끝을 스치는 봄바람을 맞으며 집으로 돌아오는 길에 내가 살아 있음을 느꼈다.

"운동 간다더니 왜 이렇게 일찍 왔어?"

남편 말에 시계를 쳐다보니 집을 나선 지 10분밖에 되지 않았다. 짧은 운동이었지만 다음 날도 그다음 날도 매일 달렸다. 혼자만의 시간이 항상 주어지는 것은 아니었기에 그 시간에 온전히 집중하며 열정을 다해 달렸는지도 모른다.

"어머니, 나도 운동 가고 싶어요."
"나도요."
"나도."

함께 달리고 싶다는 세 아이가 아침 운동에 합류했다. 깔깔깔 웃음소리가 소란스럽게 퍼져 나갔다. 앞서 달려 나가는 킥보드에 맞춰 뛰는 발걸음이 빨라졌다. 눈앞을 스쳐 지나가는 나무와 새소리, 공기를 가르며 달리는 동안 머리도 맑아지고 마음도 가벼워졌다. 뛰면서 머릿속을 정리하는 새벽은 지친 나를 위로하는 시간이 되어 주었다.

그렇게 아이들과 뛰기 시작한 지 벌써 4년째가 되었다. 1km를 힘들게 뛰었던 적도 있지만, 지금은 한 달 러닝 마일리지를 150km 정도 채우고 있다. 매일 아침 달리기로 성공을 맛본다. 킥보드를 타고 달리던 아이들은 어느새 자전거를 타며 페이스메이커 역할을 자청한다.

"어머니, 10km가 이렇게 먼 줄 몰랐어요. 땀 흘리면서 운동하는 어머니 너무 멋져요."

네 아이의 엄마라서 지치는 게 아니라 체력이 없어서 그동안 아이들을 제대로 돌보지 못했음을 알게 되었다. 엄마가 체력을 기르면 육아가 수월해진다. 몸은 정직했다. 아침 공기를 마시며 하루의 에너지를 나에게 먼저 쏟는 일은 곧 마음의 근육을 만드는 일이기도 했다. 아이들의 말에 쉽게 흔들리지 않게 되며 마음이 여유로워졌다. 화목한 가정, 안정적인 육아를 위해서라도 건강과 체력을 기르는 일에 마음을 다해 보고 싶다.

엄마의 도전은 무죄

"우리 팀원 어디 있나요? 2023년 5월 강원도 인제 일대 100km를 걷는 인생기부 프로젝트에 참여할 멤버를 모집합니다. 꾸준히 잘 걷는 분을 찾습니다."

SNS에 글을 적고 등록 버튼을 눌렀다. 가슴이 방망이질했다. 책을 읽다가 '옥스팜 트레일워커'라는 단어를 보고 가슴이 뛰었다. 4인 1조가 되어 100km를 38시간 이내에 완주하는 프로그램이었다. 100km가 어느 정도인지 가늠되지 않았지만 일단 함께 도전할 멤버를 모집해 보기로 했다.

물과 생계를 위해 매일 수십 킬로미터를 걸어가야 하는 누군가에게 내가 걷는 100km가 도움이 될 수 있다고 하니 안 걸을 이유가 없었다. 지금까지 내가 무사히 살아올 수 있었던 것은 부모님의 보살핌과 더불어 다른 누군가에게 신세를 졌다는 의미이기도 했다. 무조건 걸어 보고 싶어 가슴이 설레었다.

몇 해 전 무릎 수술을 했다. 일상생활에는 어려움이 없지만 오래 걷거나 뛰는 일은 불가능할 것만 같았다. 하지만 아이들의 응원에 힘입어 조금씩 걷다 보니 걷는 일이 힘들지 않았다. 달리는 일에도 재미를 느끼게 되었다. 10km 마라톤, 하프 마라톤을 완주했고, 올해는 풀코스 마라톤을 차근차근 준비하고 있다. 수술 후 아무래도 예전처럼 생활하기는 힘들 거라는 의사의 말에 마음이 먼저 움츠러들었던 건지도 모르겠다. 마음의 문제라는 생각이 들었다.

나이가 들어서도 실패를 두려워하지 않고 새로운 일에 도전하려면 젊은 시절부터 도전을 게을리하지 않아야 할 것 같았다. 아이를 키우는 엄마라서, 전업주부라서, 아이가 네 명이라서 하지 못할 이유를 찾지 말고, 나를 행복하게 해 주는 일을 소홀히 대하지 않기로 했다. 그러던 중 한 가지 심장이 뛰는 일을 찾아냈다.

"어머니, 축하드려요. 드디어 걸을 수 있게 되었네요."
"어머니, 후원금 얼마나 모였어요?"
"우리도 조금씩 용돈 모았어요. 후원할래요."

감사하게도 두 분의 멤버가 나타났을 때 아이들이 함께 환호해 주었고, 나의 도전에 관심을 가져 주었다. 아이들과 나는 서로에게 좋은 자극을 주고 뭐든지 할 수 있다는 자신감을 심어 주었다.

엄마이자 여자, 한 인간으로서 삶의 모습을 아이들에게 보여 줘야 한다는 걸 이제야 알게 되었다. 나만의 취미를 갖는 것은 나 자신을 위한 일이기도 하지만 아이들을 위한 일이기도 했다. 나는 아이들보다 조금 앞서서 인생을 걸어가고 있을 뿐, 아이들과 마찬가지로 어떤 일이 일어날지 모른 채 걸어가는 존재다. 키가 자라고 몸이 자라는 아이들과 함께 매일 한 뼘 더 성장하는 엄마의 모습으로 아이들에게 기억되길 바란다.

내일은 어떤 일이 벌어질까?
내년에 나는 어디에서 무엇을 하고 있을까?

오늘도 몸보다 심장이 먼저 뛰는 일을 찾아, 나를 찾아 떠나 본다.

좋은 습관이 꾸준함이 된다

"어머니, 쓰레기 줍기 하러 가요."

지훈이와 시작한 쓰레기 줍기가 어느새 11년이 되었다. 이제는 네 아이 모두 동참하고 있다. 누가 시켰으면 하지 못했을 일이다. 하루하루 쌓여 만든 10년이라는 세월을 되돌아보며 첫 번째 책 『나는 아름다워질 때까지 걷기로 했다』를 완성한 순간을 잊지 못한다.

책을 냈다는 기쁨보다 10년 동안 꾸준히 해 오고 있다는 사실을 그제야 알았기 때문이다. 순간의 삶을 즐겁게 하는 것을 찾아내고 그것으로 채워 나가면 누가 시키지 않아도 온갖 다양한 방법으로 해낸다는 사실을 깨닫게 된 사건이었다. 멈추지 않고 계속 움직이는 톱니바퀴처럼 우리의 쓰레기 줍기는 멈출 줄을 몰랐다.

처음에는 그저 좋아서 하던 일이 작지만 특별한 의미를 가지니 몸에 딱 맞는 옷처럼 내 것이 되는 것을 경험했다. 플로깅이 그랬고, 새벽 기상 후 독서와 달리기가 그랬다. 좋은 습관이 하나 생기자 다른 습관까지 자연스럽게 따라왔다.

신발 끈이 풀리면 끈을 다시 묶고, 밥을 먹고 난 뒤에는 양치하듯 좋은 습관을 자연스럽게 실천할 루틴을 만들어 주는 것이 중요했다. 아무리 오랜 세월이 지나도 변하지 않는 습관을 익히도록 노력했다. 늦잠을 자고, 휴대폰을 만지며 시간을 보내는 오래된 나쁜 습관을 끊어 내고, 좋은 습관을 몸에 익히도록 반복했다.

우리의 하루는 습관의 집합체다. 아이들이 꾸준하게 무언가 하기를 바란다면, 꾸준함을 익힐 시간을 가져야 한다. 좋은 습관을 찾아내 자기 것으로 만들기 위해서는 규칙적인 실행이 오랫동안 반복되어야 한다. 아이들이 관심을 두는 일에 의미를 부여하고 박수를 보내며 응원해 준다면 꾸준함의 시간이 늘어나리라 믿는다. 부모님의 관심만으로도 아이는 자주 몰입하게 될 것이고, 무언가를 꾸준히 하는 힘을 기르게 될 것이다.

나는 누구도 바꿀 수 없다. 아이들도 나의 의지로 바꿀 수 없다. 부모의 말보다는 태도와 행동으로 아이에게 신뢰를 보여 주어야 한다. 좋은 습관은 대물림되며 스스로 배울 수 있는 가장 강력한 힘이라 생각한다.

우리는 나이가 들면서 변하는 게 아니다.
보다 자기다워지는 것이다.

·린 홀·

나는 홈스쿨링하는 엄마로 살기로 했다

나는 홈스쿨링하는 엄마로 살기로 했다

따스한 햇살을 등으로 느끼며 땅속을 파고드는 땅강아지의 빠른 손놀림을 보고 있자니 마음이 평화로 가득 찼다. 귓가에 울려 퍼지는 BTS의 음악을 들으며 햇살 가득한 정원 속에서 잡초를 뽑으며 생각했다.

20대에 시골집에서 글을 쓰며 식물을 돌보았다면 어땠을까. 안타깝게도 그 시절 나는 명품 가방, 큰 집과 외제 차, 다른 이들이 멋지다고 여기는 사람이 되기 위해 부단히 애쓰며 많은 시간을 낭비해 버렸다. 빠르지 못하고, 경쟁을 힘들어하는 내가 다른 사람에게는 효율 없어 보이는 일에 행복할 수 있다는 사실을 이제야 알게 되었다.

내가 허비하고 방황하던, 타인의 시선으로 살았던 시간 덕분에 나는 마흔의 어느 날 시골 텃밭에 앉아 있는지도 모른다. 타샤 튜더는 삶에서 가장 소중한 일은 마음이 채워지는 것이고, 내게 주어진 운명과 놓인 환경에 만족하며 사는 것이라고 했다.

"도시에서 삶을 포기하고, 홈스쿨링하며 시골에서 살기로 선택했을 때 두려움은 없었나요?"
"누구나 꿈꾸는 삶을 사는 모습이 정말 부러워요."
"저도 이렇게 살고 싶은데 용기가 나지 않네요. 무엇이 이렇게 흔들리지 않는 강인함을 갖게 하는 건지 부러우면서도 궁금해요."

오래전부터 나를 아는 사람들, 이제 막 인연을 맺은 사람들, 블로그를 통해 나의 글을 읽은 이웃들이 지나치지 않고 던지는 질문이다. 이런 질문을 받을 때면 찬찬히 엄마를 떠올린다.

"자경아, 엄마는 너를 믿어.
네가 해 보고 싶다면 뭐든지 시작해 봐.
그래야 후회하지 않아."

피아노 학원에 가고 싶다고 떼쓰던 나에게, 혼자 준비한 유학길에 오르던 나에게, 아버지만큼 잘생기지 않은 남편과 결혼을 앞둔 나에게, 가정 출산을 선택한 나에게, 홈스쿨링을 시작하던 우리 가족에게 엄마가 해 주시던 말이다. 엄마는 늘 나의 선택을 믿어 주고 지지해 주었다.

생각하는 일을 행동으로 옮기는 사람이 된 것은 엄마의 지지와 응원 덕분이었다. 엄마는 인생을 살면서 만나는 희로애락을 기꺼이 받아들일 수 있도록 '내가 내린' 결정을 설렘으로 무장시켜 주었다. 나의 선택에 대한 엄마의 존중과 사랑이 있었기에 가능한 일이었다.
결혼 전 엄마는 나에게 결혼해도 남편과 아이에게서 벗어나 독립적인 삶을 살라고 했다. 그때는 엄마 말을 전혀 이해하지 못했다. 하지만 이제는 알 것 같다. 결혼 후에 스스로 앞가림하며 자신을 부양하라는 것은 엄마와 아내가 되어서도 독립적인 한 인간으로 살아가라는 의미였음을.

내가 원하는 삶을 살기 위해 나에게 귀를 기울이고, 나를 위하는 일을 하며, 스스로 안아 주고 더 사랑하는 사람이 되어야 했다. 아이들과 함께하며 나도 삶의 방향을 찾아가고 있다. 오늘 나의 선택이 어떠한 결과를 가져올지 모르겠지만, 적어도 지금은 나의 선택을 후회하지 않는 삶을 살고 있다.

홈스쿨링을 하며 깨달았다. 나는 오늘도 아이들과 함께 배우며 한 뼘 더 자라고 있다는 사실을. 홈스쿨링은 아이와 함께 보내는 시간만큼 더불어 성장하는 부모의 배움터다. 독립적인 인간으로 살아가는 부모의 모습과 삶의 태도를 보여 주는 것이야말로 아이들을 위한 최고의 교육이라고 생각한다.

"아이들이 너무 행복하겠어요."

이런 얘기를 들으면 '아이들의 행복'이라는 말에 잠시 멈칫하게 된다. 그러고는 웃음으로 대답할 뿐이다. 하지만 분명하게 말할 수 있는 건 나는 홈스쿨링하는 엄마로 살게 되어 행복하다는 사실이다. 내 삶의 원동력인 로운, 유진, 서빈, 지훈이의 엄마로 살 수 있어서, 삶이 무엇인지 배움이 무엇인지 알려 준 네 아이와 함께할 수 있어 감사하다.

행복으로 향하는 길은 다양하다는 사실을
깨닫게 해 준 우리 엄마,

늘 나의 버팀목이 되어 준 이광자 여사에게 이 책을 바친다.

나는 홈스쿨링하는 엄마로 살기로 했다

부록

홈스쿨링이 궁금해요

노래하는 작은 새

이서빈

작은 새가 노래해요
숲속 친구들이 작은 새를 부러워해요
다른 새들도 작은 새처럼
아름답게 노래하고 싶어 해요

계속 연습했어요
노래하는 작은 새와
다른 새들은 함께 노래를 불렀어요

신기했어요
다른 목소리로 아름다운 소리를 냈어요
모두 다 자기의 목소리가 있어요
그래서 아름다웠어요

Q. 홈스쿨링 절차는 어떻게 되나요?

우리나라에서는 초·중등학교 교육이 의무이기 때문에 홈스쿨링을 위한 자퇴는 가능하지 않습니다. 하지만 부득이한 상황으로 학교에 다닐 수 없다고 판단할 경우, 학교장 권한으로 유예 사유 처리가 가능합니다.

첫 번째 방법은 '취학 유예'입니다.
입학통지서를 받고 행정복지센터에 유예를 신청하면 최대 2년까지 취학 유예가 가능합니다. 취학 유예는 장기간 치료가 불가피한 질병이 있거나 발육 부진, 그 밖의 취학 유예가 필요하다고 학교장이 인정하는 경우에 가능합니다. 입학 연기는 매해 12월 31일까지 가능하며, 행정복지센터에서 입학 연기를 접수하면 입학 연기 접수증을 받을 수 있습니다. 학교장의 판단 절차를 걸치지 않고 학부모의 선택에 따라 확정되어 신청과 동시에 처리됩니다. 사후 취소가 어렵습니다.

두 번째 방법은 '정원 외 관리자'가 되는 것입니다.
입학통지서를 받고 예비 소집일 이전에 학교에 '홈스쿨링을 하겠다'라고 의사를 전달합니다. 그런 다음 2~3월경에 교장, 교감, 학적 담당, 학생, 학부모 입회하에 의무교육위원회가 열립니다. 코로나19 이후에는 온라인으로 진행하거나 가정방문으로 대체되는 곳도 있다고 합니다.

새 학기 시작일로부터 3개월 동안은 미인정 결석 처리가 됩니다. 이 기간에 '출석 독촉장'을 학교 측에서 보내올 수 있습니다. '숙려 기간'이라고 해서 홈스쿨링에 대해 다시 한번 생각해 본 후 가능한 한 학교에 다니도록 권고하기 위해서입니다. 연간 출석 일수의 3분의 1 이상 해당하는 기간 동안 학교에 나가지 않으면 출석 미달로 '정원 외 관리'로 분류됩니다. 학교에서 주기적으로 전화하거나 간혹 가정방문, 경찰이 방문하는 곳도 있습니다.

간단하게 요약하면,

- 입학통지서 받고, 홈스쿨링 의사를 학교에 전달합니다.
- 무단결석 일수가 7일이 넘으면 학교에서 '내교 통지서'를 발송하며, 얼마 후 '출석 독촉장'을 우편으로 받게 됩니다.
- 결석 사유 및 유예 신청서를 이메일이나 우편으로 받아 유예 신청서를 작성합니다.
- 의무교육위원회에 참석합니다.
- 가정에서 홈스쿨링을 진행하며 등교하지 않습니다.
- 출석 일수 3분의 1 이상을 결석하면 '정원 외 관리자'로 승인받게 됩니다.

대안교육 시설 이용, 홈스쿨링, 해외 유학을 생각하고 있더라도 예비 소집일에 정당한 사유 없이 불참하거나, 배정된 학교에 입학하지 않으면 경찰 수사가 이루어질 수 있습니다. 따라서 부득이한 사정으로 예비 소집일에 참석하기 어렵다면, 반드시 해당 학교에 미리 연락하셔야 합니다.

의무교육위원회 운영 방식과 절차는 학교장의 재량, 교육청의 방침에 따라 차이가 날 수 있습니다.

Q. 의무교육위원회에서는 어떤 질문을 하나요?

홈스쿨링(언스쿨링)을 하는 이유는 무엇입니까?

홈스쿨링(언스쿨링)을 하게 된 계기가 있습니까?

어린이집, 유치원 기관에 다녔나요?

아이의 건강 상태는 어떻습니까? 아픈 곳은 없습니까?

아이는 집에서 어떻게 지내고 있나요?

사회성 문제는 어떻게 해결할 것입니까?

현재 홈스쿨링(언스쿨링)을 하며 교류하는 친구가 있습니까?

학습을 진행할 커리큘럼이 있습니까?

학습은 어떻게 이루어지고 있나요?

교재는 어떤 걸 사용하나요?

한글은 읽고 쓸 수 있나요?

아이에게 학교에 다니고 싶은 마음이 있을 텐데, 부모님의 의지로 홈스쿨링을 하는 것은 아닌가요? (아이에게도 물어보는 공통 질문)

아이도 홈스쿨링(언스쿨링)을 하고 싶어 하나요?

배움에 대한 특별한 교육 방법이나 철학이 있습니까?

홈스쿨링(언스쿨링) 기간을 어느 정도로 생각하고 있나요?

중도에 학교에 가고 싶어 하면 보낼 생각이 있습니까?

의무교육위원회에서 받는 질문 내용은 정해진 매뉴얼이 없습니다. 따라서 학교별, 지역별로 조금씩 차이가 있습니다.

의무교육위원회에 가실 때는 가족이 함께 가는 것을 추천합니다. 온 가족이 함께 참여해 아이를 보살피며 홈스쿨링을 진행하고 있다는 것을 보여 주는 것이 중요합니다. 무엇보다 아이들 교육이 부모의 주도하에 진행되는 것이 아니라, 부모가 아이와 함께 고민하고 결정한다는 사실을 전달할 기회로 삼을 수 있습니다.

Q. 교육적 지식이 부족한데 홈스쿨링이 가능할까요? 부모의 실력이 어느 정도여야 하나요?

무엇을 가르쳐야한다는 마음부터 바꾸어야 합니다. 부모는 가르치지 않습니다. 홈스쿨링은 학습을 목표로 삼는 것이 아니라, 아이의 속도와 유형에 맞게 배우며 경험을 쌓는 것을 목표로 합니다.

검정고시 준비를 위한 교과 학습은 대부분 인터넷 강의를 많이 이용합니다. 필요하면 과외처럼 집중 학습을 하기도 하고, 일반 학원을 이용하거나, 문화센터 혹은 지역아동센터, 그 외의 교육 수단을 이용하기도 합니다. 홈스쿨링에서는 공부 내용을 학교에서 평가하는 학습만으로 규정하지 않습니다. 살아가는 모든 지식과 지혜를 습득하는 과정을 공부로 봅니다.

가족과 함께 책을 읽고, 독서를 통해 얻은 내용을 생활에 적용하려는 노력이 중요합니다. 독서는 세상의 다양한 지식과 지혜를 얻게 하며, 아이들 스스로 가치관을 형성하는 데 도움이 줍니다. 살아가면서 만나게 될 위기와 어려움으로부터 자신을 지키는 방법을 책을 통해 배울 수 있기 때문입니다.

부모가 할 일은 아이들에게 모범을 보이는 삶을 사는 것이며, 무엇보다 중요한 것은 아이들에게 도움이 필요할 때 든든한 후원자가 되어 주는 것입니다. 아이들을 사랑하고 믿고 존중하는 마음이면 충분합니다.

부부가 같은 생각을 가지고 시작하면 더할 나위 없이 좋지만, 성장 과정과 가치관과 세계관이 다르기에 교육 방식에 관한 생각이 다를 수 있습니다.

저의 경우, 홈스쿨링 전에 가정 보육으로 아이와 함께할 때 긍정적인 부분과 하루 생활을 남편이 알 수 있도록 꾸준히 공유했습니다. 책의 도움을 받아 홈스쿨링에 대한 생각을 나누고 홈스쿨링을 먼저 하는 가정과 만남을 가졌습니다. 유튜브에 업로드된 홈스쿨링 가정의 모습을 활용하기도 하면서 남편이 마음이 열 때까지 기다렸습니다.

그리고 학창 시절에 겪었던 추억과 경험을 바탕으로 홈스쿨링으로 변화될 가정의 모습을 그려 보았습니다. 일상을 공유하고, 꾸준한 대화를 이어 가며 생각의 차이를 좁혀 갔습니다.

Q. 아이들은 매일 무엇을 하며 지내나요?

아침에 일어남과 동시에 각자 할 일을 합니다. 이부자리를 정돈하고, 옷을 갈아입고, 식사 준비를 돕습니다. 아침 식사 후 아이들의 하루가 시작됩니다.

청소하고 나서 책을 보거나, 그림을 그리거나, 퍼즐 맞추기를 하는 등 오전 시간은 주로 집 안에서 보냅니다. 오후에는 모래놀이를 하고, 산에 가고, 자전거를 타고 동네를 한 바퀴 돌며 곤충을 관찰하는 등 주로 야외에서 시간을 보냅니다.

평일에는 미술관, 박물관, 도서관, 과학관을 방문해 천천히 둘러보고, 주말에는 단체 활동에 참여하기도 합니다. 단체 활동은 지역의 가족봉사단으로 참여하고 있습니다.

아이들은 학교에서는 할 수 없는 일들을 찾아내고 자신만의 방식으로 하루를 보내고 있습니다. 홈스쿨링 이후 아이들의 관심사가 점점 다양해지고 확장되고 있습니다. 교육은 학교뿐만 아니라 언제 어디서나 존재하는 자연스러운 과정입니다.

아이들은 호기심이 많아 끊임없이 질문하는데, 다양한 질문을 통해 가족 간 대화 시간이 늘어났습니다. 나와는 관심사가 다르지만 질문을 통해 서로에게 배울 기회를 주며, 그 속에서 스스로 배워 나갑니다.

가장 보편적인 방법인 검정고시로 학력 인증을 받을 수 있습니다. 초등검정고시의 경우 만 11세가 지난 다음 해, 즉 한국 나이로 13세가 되면 응시할 수 있습니다. 이후 단계인 중졸(고입검정), 고졸(대입검정)에는 나이 제한이 없습니다.

검정고시와 학업성취도 평가 기출문제는 한국교육과정평가원 홈페이지(www.kice.re.kr)에서 다운로드해 이용하실 수 있습니다.

두 번째 방법으로 꿈이음(www.educerti.or.kr)이 있습니다. 초등학교, 중학교 학력을 취득할 수 있도록 교육부와 16개 시·도 교육청이 한국교육개발원과 함께 운영하는 제도입니다.

정원 외 관리 대상이나 학교 밖 청소년들에게 다양한 학습을 제공합니다. 꿈이음 학습자 등록 및 승인 후 온라인이나 오프라인 프로그램을 선택해 학습할 수 있습니다. 학력인정평가를 위한 다양한 학습을 이수하면 학교급에 따라 초·중등학교에 상당하는 자격을 주는 것으로, 검정고시 합격과 동일합니다.

학년에 따라 학습 이수 시간이 달라지므로 해당 지역 교육청에서 확인하셔야 합니다.

네, 가능합니다. 「초·중등교육법」 제14조에 따르면, 취학 의무를 면제받거나 유예받은 사람이 다시 취학하려면 대통령령으로 정하는 바에 따라 학습 능력을 평가한 후 학년을 정해 해당 학년에 배치받을 수 있습니다.

먼저, 학교에 방문하거나 전화해 재입학 의사를 밝히면 됩니다.
정원 외 관리 대상 지정 후 재입학하기 위해서는 두 가지 절차를 거쳐야 합니다.

첫째, 관련 서류를 준비해야 합니다.
주민등록등본(3개월 이내), 전입신고접수증(취학 학교명, 행정복지센터 발행), 전입신고서(교무실 비치 양식), 개인정보 수집 및 이용 동의서(교무실 비치 양식), 재취학 희망서를 준비합니다.
* 준비 서류는 상황에 따라 달라질 수 있습니다.

둘째, 학년이수평가시험을 치러야 합니다.
학년에 따라 평가시험이 다릅니다. 국어, 영어, 수학, 사회, 과학 중 몇 과목 치른 후 의무교육위원회의 결정에 따라 해당 학년에 입학할 수 있습니다. 만약, 5학년에 입학할 나이가 되었다면 학년이수평가시험은 4학년 과정을 치르게 됩니다.

Q. 정원 외 관리 대상이 되었는데 다음 해에도 절차를 밟아야 하나요?

정원 외 관리 1년이 지나면 다음 해 재취학통지서를 받게 됩니다.

그 시기쯤(대략 12월 말) 학교로부터 연락을 받고, 재입학을 신청하거나 유예 연장 의사를 표명하면 됩니다. 유예 연장을 원하면 학교에서 필요한 문서를 이메일이나 우편으로 보내 줍니다. 학업 중단 학생의 개인정보 수집 동의서, 의무취학 유예 연장 신청서 등의 서류를 제출하면 끝납니다.

저희 가족은 1년 동안 어떤 활동을 했고 그것이 아이들에게 어떻게 도움이 되었는지 간단하게 문서(A4 1장)로 작성해 학교와 공유합니다.

이 또한 학교장의 재량에 따라 달라집니다.

저희는 홈스쿨링 중 두 번 이사했습니다. 이사 후 행정복지센터에 전입신고를 할 때 직원이 아이의 전학 여부를 확인합니다.

홈스쿨링을 유지하지만 전학 절차를 밟게 되는 상황입니다. '전학' 절차를 밟는 것은 곧 새로운 학교에 '재취학'하는 것을 의미합니다. 그렇기에 기존 절차를 다시 거쳐야 합니다. 새로운 학교에서 의무교육위원회를 통해 '정원 외 관리 대상'이 되기 위한 과정을 거치고, 관리받게 됩니다.

저희는 '정원 외 관리 대상'이기 때문에 전학 절차를 밟지 않았습니다. 이사하고 전입신고를 해도 기존의 학교에서 연락이 오지 않았습니다. 다음 해 '정원 외 관리' 절차를 위해 기존 학교와 연락이 닿았을 때 이사 후 주소가 변경되었다고 알려 드렸습니다.

전학 절차를 밟지 않으면 '정원 외 관리'가 유지됩니다.

Q. 홈스쿨러를 위한 입시 컨설팅을 받을 수 있나요?

홈스쿨러를 위한 입시 컨설팅은 학교 밖 청소년 지원센터 '꿈드림 센터'(www.kfream.co.kr)에서 받을 수 있습니다. 꿈드림은 전국 220곳에 운영되고 있으며, 진로 교육과 직업 체험 및 실습, 자격증 취득, 구직 활동부터 문화 체험까지 다양한 활동을 지원합니다.

만 9~24세의 학교 밖 청소년들은 참여 비용이 무료이기 때문에 경제적 부담이 없습니다. 가까운 꿈드림 센터에 방문해 참여할 수 있으며, 꿈드림 센터의 학교 밖 청소년 활동에 가입하기 위해서는 '정원 외 관리자' 증명서가 필요합니다. 증명서는 민원24, 행정실, 교육지원청과 시도교육청, 가까운 구청 민원실 및 행정복지센터에서 발급 가능합니다.

제가 사는 지역의 꿈드림 센터에서는 학교 밖 청소년을 위해 급식 카드와 교통비를 지원해 주고 있습니다. 또한 분기별 문화 활동(수영, 스키, 클라이밍 등)과 중졸 및 고졸 오프라인 검정고시 수업, 검정고시 단체 접수 등을 진행하고 있습니다.

지역마다 꿈드림 센터 혜택이 다를 수 있다는 점 참고해 주세요.

Q. 마지막으로 홈스쿨링을 하고 있거나 관심 있는 부모들에게 조언이나 당부를 한다면?

홈스쿨링이 다양한 교육의 한 형태로 받아들여져 서로 배려하고 존중받는 문화가 되면 좋겠습니다.

교육에는 정답이나 왕도가 없다고 생각합니다. 다만 우리 아이에게 맞는 해답은 찾을 수 있다고 생각합니다.

우리 아이 전문가는 부모라는 마음으로 접근하며, 가르치기보다는 함께 배운다는 마음으로 시작하면 좋겠습니다. 스스로 학습하는 습관을 만들어 주는 것이 중요합니다.

세상에 정해진 길은 없고, 배움의 길도 여러 가지가 있습니다. 저는 아이의 행복이 최우선이었기에 홈스쿨링을 선택했습니다. 홈스쿨링을 통해 자신이 좋아하는 것을 발견하고 진정한 공부를 알아 갔으면 합니다.

홈스쿨링이 부모과 자녀들이 소통하면서 보다 근본적인 배움의 의미를 함께 찾아가는 교육 과정이 되길 바랍니다.

홈스쿨링을 준비할 때 보면 좋은 책

『아이들은 자연이다』 장영란, 김광화 / 돌베개

두 아이를 데리고 서울을 떠나 귀농을 결심한 부부. 뜻이 맞는 사람들과 간디공동체 생활을 시작하고, 그 후 무주에서 자급자족하며 살아가는 이야기. 살아온 과정이 달랐고 아이들 키우는 마음도 달랐지만 부부는 생명의 본성을 살리는 교육이 무엇인지, 나아가 사람이 살아가는 근본이 무엇인지 돌아보고자 함께 이 책을 썼다. 무주 산골 네 식구가 집에서 함께 공부하고 일하며 보낸 6년의 기록인 이 책은 아빠의 시선과 엄마의 시선으로 함께 기록되어 있어 흥미롭다.

『학교는 하루도 다니지 않았지만』 임하영 / 천년의 상상

6살 때 유치원을 그만둔 뒤 초·중·고등교육을 받지 않고 언스쿨링으로 자란 저자 임하영. 태어나서 성인이 될 때까지 학교를 단 하루도 다니지 않았던 저자는 태어나서 처음으로 미네르바대학에 다니고 있다. 개정판 이전 책에는 언스쿨링을 하던 어린 시절의 가치관과 생각, 배움의 방식이 고스란히 담겨 있고, 개정판에는 대학을 고민하게 된 동기와 선택 과정과 진학 준비에 관한 내용이 담겨 있다.

『100년 교육 언스쿨링이 온다』Kerry McDonald, Peter Gray / 박영스토리

한 번쯤 학교 교육 방식에 의문을 품은 사람, 홈스쿨링 및 언스쿨링을 고민하는 사람, 언스쿨링을 하는 모든 이에게 도움이 되는 책이다. 언스쿨러들의 학습 과정을 교육학적으로 설명 및 묘사하고, 저자의 경험까지 다양한 이야기로 잘 엮었다. 배움은 우리가 경험하는 모든 순간과 장소이며, 이를 통해 배움과 성장의 기쁨이 무엇인지 알 수 있다. 아이의 진짜 배움이 무엇인지 알고 싶은 부모에게 꼭 추천하고 싶은 책이다.

『아이들은 어떻게 배우는가』 존 홀트 / 아침이슬

『아이들은 어떻게 배우는가』는 배움이 가장 효율적으로 일어나는 시기인 취학 전 아동을 대상으로 그들이 가진 배움에 대한 열정과 타고난 배움의 방식, 능력을 세밀하게 기술한 책이다. 아이들이 세상에 대한 호기심과 용기, 자신감, 독립심을 키우도록 돕는 방법은 아이들과 함께하는 매 순간을 기쁘게 즐기는 것이라고 말한다. 학교제도와 교육에 대해서도 다시 한 번 생각해 볼 수 있는 계기를 만들어준 책이다.

생각을 담다
마음을 담다

도서출판 담다

배움의 본질적 의미를 찾아가는 여행

나는 홈스쿨링하는 엄마로 살기로 했다

초판 1쇄 발행 2023년 5월 12일
지은이 이자경

발행처 담다
발행인 김수영
교열 김민지
디자인 김혜정
출판등록 제25100-2018-2호
주 소 대구광역시 달서구 조암로 38, 2층
메 일 damdanuri@naver.com
문 의 070.8262.2645

ⓒ 이자경, 2023

ISBN 979-11-89784-32-4 (03370)